CHIE'sヒストリー

この本をお手に取ってくださった皆さん、どうもありがとうございます。

私は普段、スピリチュアル女子大生という肩書きで活動させていただいていて、その名の通りスピリチュアルな場所が大好きでいつも出掛けています。

人から聞いたりネットで情報を見つけたりしては週末に出向いて、これまで100カ所以上の神社に行きました。気が付けば、自宅はお守りやご神水だらけ（笑）。この夏には神社好きが高じて神社検定の資格を取ってしまったくらい。

この本ではそんな神社好きの私がこれまで行った中で特にお気に入りの、本当は教えたくないくらいすごいパワーを感じた場所や、スピリチュアルな体験をした特別な神社をご紹介していきます。その他、自分のオーラの色が分かるオーラ診断や、人生をちょっと開運に導く、びはっぴ～メッセージも掲載しています。

どのページも、心を込めて作りましたので、ぜひ楽しんでくださいね♪

目覚めると自然と備わっていたスピリチュアルな能力

私が人より勘が鋭くなったのはナゼか？　私自身について、まずはお話しします。

実は私、子供のころのことは全然覚えてないんです。思い出もなく、「運動会」というものがあったのは思い出せても、そこで何があったかは、今でも思い出せません。

そうなった原因は、14歳のときに遭った交通事故です。事故に遭ってからずっと頭痛がしていて、きちんと検査すれば良かったんですけど、放っておいたらある日

スピリチュアル女子大生CHIEの

びはっぴ〜のススメ

CONTENTS

・本書の一部のページは、週刊ザテレビジョンの連載を再編集し構成しております。

突然倒れて。目が覚めたときには、何にも分からなくなっていました。とにかく世界の全てが分からないから、怖いとか、特に感情もなかったです。家族のことも分からず、「親」という存在がどういうものなのか？　どうしてこの人は私のために涙を流しているの？って思いました。実は、涙も分からなかったので、「目から何か液体が出ている」としか捉えられず、それが何を意味するのか？　もしかしたら攻撃をしてくるサイン？　そんなふうに思ったりもしていました。点滴をするにも、その意味も分からないから、「点滴をする人＝痛いことをする人」でした。そういうことで「怖い」とか「嫌だ」という感情を抱いてたんです。ただ、お医者さんから優しい感じの色が見え、感覚的に「あ、この人なら大丈夫」って思うことができたんです。防衛本能みたいなものなんでしょうね。人を見て自分が安全かどうかを判断するために、オーラをはじめ、いろいろと見えるようになっていたんだと思います。

そんな中、「親」という存在の人は、私にいろんなことを一生懸命教えてくれました。覚えているのが、ティッシュペーパーにすごく驚いたことです。取っても取っても次から次へと出てくることにすごくビックリして、面白かったですね～。あと、割り箸にも驚きました。パキッと割って、さらにそれを片手で持って、食べ物をつかむことが不思議でたまらなかったです。そんな調子で全てのことが分からなかったので、とにかく毎日が刺激的。そんな中で、大変なショックを受けていたと思うのですが、母親が日々いろんなことを教えてくれました。

学校へ行くようになっても、授業なんて分かるはずもなく、中学時代は引きこもり状態でしたが、よく遊びに来てくれた中学時代の友達が高校に行くというので、私も半ば無理やり入学したんです。

しかし、そこからが超地獄でした！（笑）

地獄の高校生活。そこで自分の能力に初めて気付く

高校時代は大変でした。席についてじっとしていることができず、座っていてもボーっとしてしまい、人も怖いし、書いていることの意味も全く理解できない。でも、中学のときに仲の良かった子が、私を心配して一緒に高校に来てくれて、ノートを全部とってひらがなで書き直してくれたり、明日の持ち物などを母親のケータイにひらがなでメールをくれたりしました。そういうことがあって何とか乗り越えた感じです。弟がお兄ちゃんのようになって、文字も勉強も教えてくれました。弟は4歳下なんですが、今でもお兄ちゃんの感覚なんです。当時の私は、身体は15～16歳なのに行動が幼児だったので、一度だけ「こんなお姉ちゃん嫌だ！」と弟もスネちゃったことがあるんです。それでも、全部弟が面倒をみてきてくれました。

オーラも、目覚めてからずーっと見えていたので、みんなにも見えていると思っていました。普通は見えない、ということを知らなかったんです。それが体育祭の後、ブワ～っとみんなのオーラが真っ赤になって広がって、黒板が見えなくなって

過去の写真を大公開♪

14歳

記憶喪失になる前の、14歳の時の写真。
初公開です！　人前に立つのが大好きで
目立ちたがり屋の女の子だったそうです。

高校時代

一番つらかった
高校生のころの
写真です。暗
くて、今見ても
あまり笑ってい
ませんね。

18歳

大学に入学した18歳のころです。完全に自分を見失
ってますね（笑）。特に目標も見つからず、夜は遊ん
でばかりいて全然授業に出ていませんでした。

スピリチュアル女子大生誕生！

19歳。初のテレビ出演。堀内健さんと我が家さん、メ～テレアナウン
サー塩尻奈都子さんと。人生で一番緊張して、収録時のことはほとんど
覚えてません。でも、この日がスピリチュアル女子大生誕生の日です！

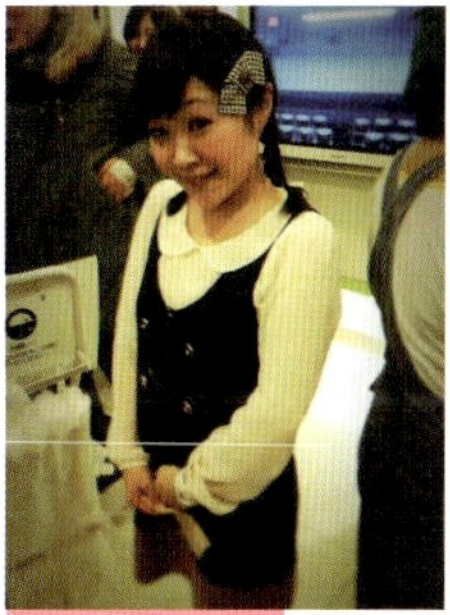

芸人時代

芸人時代の写真です。
芦田愛菜さんのモノマ
ネをしていました！

しまったんです（笑）。黒板を見ようと必死で動いていたら、「何やってんの？」と聞かれたんですね。それで「みんなの色が強くて見えない」と言ったらすごく驚かれて（笑）。その後、担任の先生に呼ばれて話をして、「それはオーラが見えているんだね」と教えてもらいました。

それまでも、感覚で何か嫌な感じがする人に会い、お母さんに「あの人ヤダ」と言ったら、数日後にその方が亡くなった、というようなことがあったんです。部屋の中や未来が見えるというのも、みんな感覚で、インスピレーションなんです。「何かそんな感じがする…」という。例えば学校で先生が教えているときに「何か不倫で悩んでる？」と急に思ったり、変な映像で見えたり。「どんなふうに見えるの？」とよく聞かれるのですが、説明するのがすごく難しいんです（笑）。目で見える、というよりは、頭の後ろの方に浮かんでくる感じです。ただ言えるのは、自分自身が「無」になるからこそ浮かんでくるんです。それは、私が記憶喪失になったときと同じような状態ですよね。あの時は世界の全てが分からなくて「無」でしたから。つらくて他の人と違うのが怖くて、「修行」とインターネットで検索し（笑）、お寺で護摩たきしてもらったりと、いろいろなこともしましたが、改めて「自由に楽しく生きたい」と思い、お笑いの世界に飛び込みました！

運命のテレビ出演。〝スピリチュアル女子大生ＣＨＩＥ〟の誕生！

まずはスクールに入ったのですが、そこでコント大会などがあると「今日は誰が優勝すると思う？」なんて当てっこをみんなでするんですね。１～30位まで全部当てたり、鍵をなくした子に「○○にあるんじゃない」と言ったら本当にそこで見つかる、なんてことが続き、事務所の方に私の噂が広まって、２０１２年の秋に名古屋のテレビに出ることになったんです。

そして、そこで奇跡が起こりました。

その番組ではネプチューンの堀内健さんとご一緒したのですが、いつもどおり部屋を見たりオーラを見たりしていたら、いきなりバン！とインスピレーションが降りてきて漢字が見えたんです。で、「こういう人いませんか？」って聞いたら堀内さんは「知らない」と。でも母方の苗字だったので「すごい～！」ということで番組は終わったのですが、終わってから堀内さんが実家に電話をしたら、叔父さんとフルネームがピタリ同じだったんです！　それがきっかけで、スピリチュアル女子大生・ＣＨＩＥが生まれました。

そんな感じなので、この能力がなくなったらなくなったでもいい、って思っています。でもせっかく見えるうちは、誰かを幸せにするなんて大それたことはできなくても、ちょっとでも「びはっぴ～（微ＨＡＰＰＹ）」になるお手伝いができたらいいな♪って思っています。私自身も、毎日ちょっとしたことにも「有難さ」、〝びはっぴ～〟を感じて生きています。

CHIEが伝授!

あなたも見えるようになる⁉

オーラが見えるかんたんメソッド

誰でもオーラが見えるようになれる⁉
そんな驚きの、しかもカンタンな方法をCHIEが教えちゃいます!

先ほどから何度も「オーラ」という言葉が出てきてますが、そもそもオーラって何?と思っている方もいますよね?(笑) オーラとは、どんな人にもあります。その人から発せられている、色をもったエネルギーのようなものです。大きさも色も人によって違いますし、同じ人でも時によって変わります。

色は、主に赤・黄・緑・青・紫の5色です。金や銀もありますが、めったにない色なので、12ページのテストと診断も、この5色にしぼってご紹介しています。

私は、目覚めたときからオーラが見えていたので、全員見えてるんだと思っていましたが、そうではなかったみたいです(笑)。でも、実は誰でもオーラが見えるようになる可能性があるんです! 実際、私と一緒に「おしかけスピリチュアル」という番組を作ってくれているスタッフさんのうち、3人が、これからお伝えする方法を実践してオーラが見えるようになりました。興味のある方は、ぜひチャレンジしてみてくださいね。

オーラが見えるようになる方法を紹介！

最初は、ちょっと薄暗い部屋で実践してみてください。両方の手の指と指をくっつけて、糸を引くように10㎝くらい離します。くっつけて離す、くっつけて離す、これを何度も繰り返すうちに、指と指の先端から、糸を引くようにオーラの色が見えてくる…ハズ！（笑）

一度やってダメでも諦めず、チャレンジしてみてくださいね。

見えない方も大丈夫！　12ページのテストから自分のオーラの色が導き出せます。各オーラの特性もご紹介していますので、合わせてお楽しみください♪

この動きでオーラが見えるように!

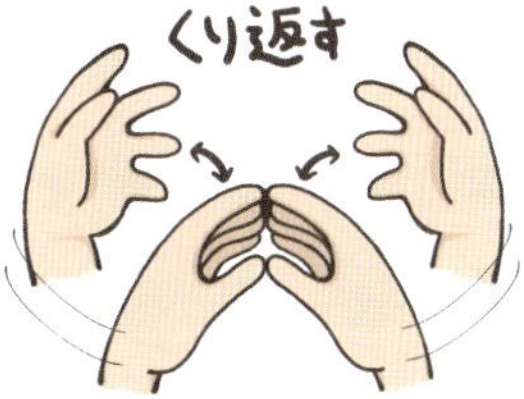

CHIEにはこんなふうに見えている

あなたのオーラは何色？
オーラカラー診断

オーラが見えるようになる前に、テストであなたの色を導いて。各カラーの診断もチェック！

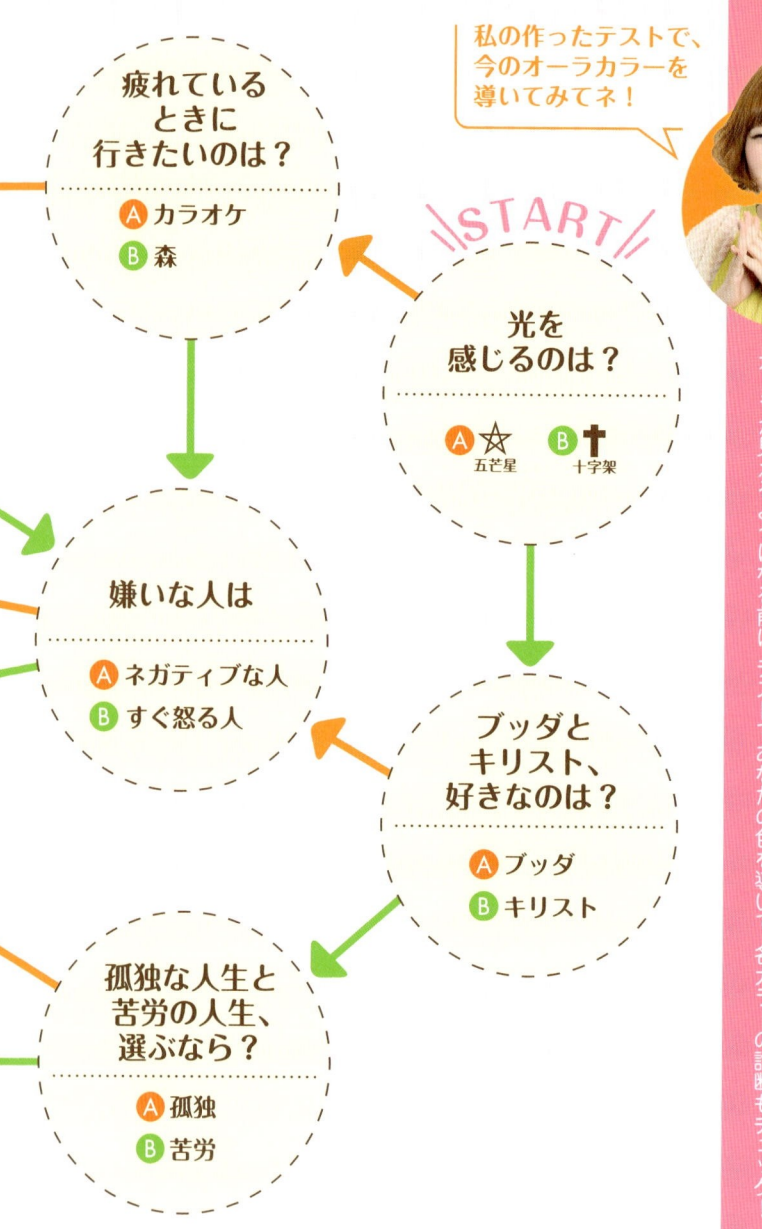

私の作ったテストで、
今のオーラカラーを
導いてみてネ！

START

光を感じるのは？

A ☆ 五芒星
B ✝ 十字架

疲れているときに行きたいのは？

A カラオケ
B 森

嫌いな人は

A ネガティブな人
B すぐ怒る人

ブッダとキリスト、好きなのは？

A ブッダ
B キリスト

孤独な人生と苦労の人生、選ぶなら？

A 孤独
B 苦労

あなたのオーラは…

情熱的なリーダー
赤
p14

好奇心旺盛なムードメーカー
黄
p16

マイペースな平和主義者
緑
p18

知的で冷静な現実主義者
青
p20

愛情深いピュアな苦労人
紫
p22

ダイヤとパール、好きなのは？
A ダイヤ
B パール

いきものがかりとJUJU、好きなのは？
A いきものがかり
B JUJU

なりたい顔は？
A 北川景子
B 宮﨑あおい

ユリとバラ、好きなのは？
A ユリ
B バラ

太陽と月なら
A 太陽
B 月

化粧鏡を買うなら
A 四角型
B 丸型

診断

赤のオーラ

情熱的なり

赤色のオーラを持つあなたは芯の部分で情熱と強さを持っています。男性はもちろん、女性もスポーツ根性がある体育会系気質です。

あなた自身は、人と正面から向き合い、腹を割って話をしたいタイプなのですが、あなたの持つその真っすぐな意思が「頑固そう」と思われる原因となり、変な気を使われてしまいがちなのです。自分の意見を言うよりも先に、相手の意見を聞くことを心掛けてみましょう。そうすると、周りから頼れる存在として認められ、あなたの本来持っているリーダーシップが発揮されるようになって、対人関係がスムーズになります。

仕事の傾向

自ら上下関係をきちんとわきまえた行動を取るので、上司受けは良いのですが、曲がったことが大嫌いで、部下が自分勝手な行動を取ると些細なことでも怒ってしまいます。よく周りから「気が強そう」と誤解されたり、「短気」と思われたりしませんか？
また、あなたは絶対有言実行のタイプ。一度決めたことは、必ず最後までやり通す集中力と責任感があります。そのため、人よりも苦労を買って出ることが多く、特に仕事面では自分のキャパシティ以上のことも引き受けてしまいがちです。負けず嫌いで頑張り屋さんのあなたですが、それでは自分の首を絞めるだけです。くれぐれも無理はし過ぎないように注意しましょう。

恋の傾向

一目ぼれが多く、情熱的で派手な恋愛を望みがちです。恋をすると周りが見えなくなるタイプで、ここでも自分の気持ちや考えだけを優先してしまうところがあります。恋愛においても常に自分をクールダウンさせる術を得ることが大切です。

Be Happy♪

びはっぴ～POINT

赤色のオーラは「一生懸命努力して生きてきた証」です。あなたには誰にも負けない強い信念があります。信念を曲げず努力し続ければ、その努力はいつか必ず実を結びます。

診断

黄のオーラ

ユーモアに優れ誰からも愛される好奇心旺盛なムードメーカー

黄色のオーラを持つあなたは好奇心旺盛で、ポジティブな明るい心の持ち主。人を楽しませることが大好きで、男女問わず人から好かれる魅力を持っています。

よく周りから「何も考えてなさそう」と誤解されたり「能天気」と思われたりしませんか？　実は人一倍もろく繊細ですが、恥ずかしがり屋な一面があり、自分のネガティブな部分を隠したがるので、すぐ陽気なふりをして嘘をついてしまいます。そのため、困っている時でも口癖の「大丈夫！」を言ってしまい、周りに気付いてもらえません。あなたが「大丈夫」と言った時は、本当は弱音を吐きたい時です。自分の気持ちに素直になって、強がることをやめてみましょう。そうすれば周りの見る目が変わり、環境がもっと楽に変わって無理をする必要がなくなります。

仕事の傾向

上司に叱られたり、ミスを犯してしまったりすると、必要以上にへこんでしまいます。強がりで、ややナルシストなあなたは典型的な「褒められて伸びるタイプ」

です。大変な時もその心の内を隠して努力しているので、結果が出なかった時はやる気をなくしてしまいます。しかし、失敗は誰にでもあるし、小さいことは気にしないよう心掛けた方が良いです。結果だけでなく、努力している姿を見てくれている人は必ずいます。最後まで自分の才能を信じて、そのまま突き進みましょう。

恋の傾向

第一印象と違う一面を見ると好きになりやすく、いわゆる「ギャップ萌え」タイプです。また、そのギャップも、慣れると飽きてしまうところがあるので、熱しやすく冷めやすい短期間な恋愛をしてしまいがちです。そんなあなたの性格は、相手から見ると理解しがたく、本当に自分を好きなのか信じられないでしょう。焦らず、ゆっくりと相手のことを思いやった付き合い方を心掛けることが大切です。

Be Happy♪

びはっぴ～POINT

黄色のオーラは「どんな時でも明るく生きてきた証」です。
あなたは忍耐強さと、他の人にはない個性を持っています。
どんな場面でも自分を信じ続ければ、その素晴らしい個性が花開きます。

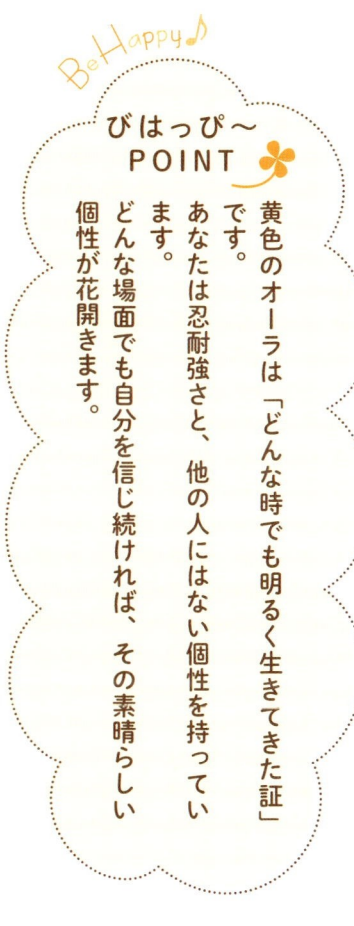

診断

緑のオーラ

調和を大切にする心優しいマイペースな平和主義者

緑色のオーラを持つあなたは、落ち着きと優しさを持っています。基本的にマイペースで周りの空気に流されながらも、自分を見失うことはありません。怒ることが滅多になく、一緒にいるだけで相手を安心させるので、よく「癒やし系」と呼ばれる人に多い色です。好き嫌いがはっきりしていて、どうでもいい事には興味を示さないので好奇心不足なところも。よく周りから「無関心」と誤解されませんか？あなたは空気を乱すことを嫌い、自分のこと以上に周りの人の気持ちを尊重して気を遣える優しい心を持っています。しかし、その優しさが逆に自己主張が少ないと思われる原因で、何かにつけて妥協することが多くなってしまいがちです。周りを見るのも大切ですが、もう少し自分の意見を口にしましょう。あなたの平和主義な考え方が相手に伝わって、対人関係がスムーズになります。

仕事の傾向

知的なあなたは、物事をじっくり考えてから行動する一面があります。そのため、行動する時には人よりも出だしが一歩遅れてしまったり、「今はまだいいや」と物事を後回しにしてしまうところがあったりします。特に仕事面では、チャンスを逃してしまうことが多く、後々「あの時やっておけば良かった」と後悔しがちです。机上の空論は役に立ちません。時には大胆な行動も心掛けてみましょう。

恋の傾向

相手の外見や雰囲気にこだわり、好みが偏りがちです。そのため、性格や相性を見逃してしまい、違和感に気付いてもそのまま受け流して付き合ってしまいます。その結果、後々ささいなことが原因のけんかが多くなってしまったり、無理して相手に合わせたりすることが多いようです。見た目だけでなく、もっと相手の本質を知ることが大切です。

Be Happy♪

びはっぴ～POINT

緑色のオーラは「ずっと人に優しくして生きてきた証」です。
あなたはとても純粋な心を持っていて、人々に癒やしと希望を与えることができます。
人を幸せにするために生きていくことで、必ずその幸せは自分に返ってきます。

診断

青のオーラ

冷静沈着な判断を持つシャープな現実主義者

青色のオーラを持つあなたは、物事を冷静に判断するクールな思考の人です。知的でどんな時でも理性を失わず、自分という生き方をしっかり持っています。一人で物事を考える時間や空間を大切にしていて、他人に自分のペースを崩されるのを嫌います。

よく周りから「心を開かない」と誤解されたり、「八方美人」と思われたりしませんか？ 人付き合いも器用にこなし誰とでも合わせられますが、自分の意見を心に留めて口にしない面があるので、「何を考えているか分からない」と思われがち。周りに居る人たちをもっと信用して、時には甘えることも心掛けてみましょう。そうすると、「こんな一面もあるんだ」と、あなたの本質を理解してくれる人や協力者が現れ、問題が起きた時に一人で悩んだり抱えてしまうことがなくなります。

仕事の傾向

事なかれ主義のあなたは、自分の意見や気持ちを押し殺してしまうところがあります。そのため、自分が悪くなくても相手に文句を言われたらひたすら謝るという傾向があり、特に仕事面ではストレスをため込みがちです。恐れず、はっきりと自分の意見を言うことを心掛けてみましょう。そうすると一人で嫌な思いをすることがなくなり、対人関係がスムーズになります。

恋の傾向

向上心が強いあなたは、自分にプラスになる相手を選び、尊敬できる人を好きになりやすいです。しかし石橋を叩いて渡るタイプなので、好きになっても相手の気持ちが100％こちらに向いていないと告白できません。そのため計算して相手を落とす作戦に出たり、無理に相手の気持ちを探ろうとして一人で疲れてしまうところがあります。何も考えずに相手に身を任せた方がいい恋愛ができますよ。

Be Happy♪

びはっぴ～ POINT

青色のオーラは「今までよく考えて生きてきた証」です。あなたには想像力があり無限の可能性を秘めています。自分の殻を破って外に出てみましょう。

紫色のオーラを持つあなたは、温かい心で情が深く、精神性の高い人。オーラカラーの中では最も高貴で、とてもまれな珍しい色です。過去につらい経験を乗り越えた方に多く、たくさん苦労をしたので人の心の痛みが誰より分かります。

よく周りから「年寄りっぽい」と言われたり「お人よし過ぎる」と思われたりしませんか？　慈悲深いあなたは情におぼれやすく、困っている人を見るとつい親身になって心配してしまいます。人を信用し過ぎて裏切られることも多く、人の汚い面を知り深く傷つくことも。しかし、あなたは清い心の持ち主で何も悪い事をしていないのだから、あなたが傷つく必要はありません。人のために良いことをすれば必ず返ってきます。自分の行いを信じ、いつまでもその清い心を大切にしましょう。そうすればあなたが困った時、同じように手を差し伸べてくれる人が現れます。

仕事の傾向

あなたのそのひたむきな努力が認められ、周りにも良い影響を与えられるでしょう。しかし、そこでも周りの人を気遣って、人一倍無理をして口癖の「頑張る！」をすぐに言ってしまいます。

頑張ることは素晴らしいことですが、頑張り過ぎは良くありません。あなたが無理をすると周りも無理をして疲れてしまいます。自分のためにも周りの人のためにも、できないことははっきりできないと言って休むことを覚えましょう。

恋の傾向

愛されるより愛したいタイプです。相手に尽くし過ぎて、それが相手に負担をかけてしまうことや、気持ちが空回りしてしまうことが多いです。

相手の気持ちを理解して、解放してあげるのも一つの愛です。恋愛に走り過ぎず、ちょうどよい距離を保った付き合い方を心掛けることが大切です。

Be Happy♪

びはっぴ〜 POINT

紫色のオーラは「たくさんの試練を乗り越えて生きてきた証」です。
あなたはとても慈悲深く、温かい心を持っています。
美しい心を汚さず持ち続けていれば、神様はいつかご褒美をくれます。

特別企画 美奈子の未来をCHIEが大予言!

美奈子 × CHIE Special Talk

CHIEさんに興味津々だったという美奈子さん。
人生初のオーラ鑑定は思わず涙の内容に!

ツライことがあったぶん、今幸せを感じます

すてきなカラーで、私の方が癒やされます

撮影＝長野博文／取材・文＝magbug／スタイリスト＝下平純子／ヘア＆メイク＝渡部弘喜（Technico）／衣装協力＝ Roretta's Room

美奈子さんは苦労した人が持つ紫のオーラ

6人の子供を育てながら、タレント業を始めたばかりの美奈子さん。波瀾万丈の人生は、オーラの色にも影響があったようです。

美奈子（以下美）「初めまして。いつも拝見しています」

CHIE（以下C）「本当ですか？　ありがとうございます。私の方はずっと番組を見ていて、女性としてのたくましさに憧れていました。スピリチュアルはお好きですか？」

美「そうですね。占いも好きです。しかもCHIEさんはお若いのにすごいなって（笑）。こうやってオーラを見てもらうのは初めてなんです」

C「（目を凝らしながら）…ちょっと変わってますね。見ちゃいます」

美「変わってますか？　やっぱり」

C「一人でたくさんのお子さんを育ててらっしゃるという点で、赤のイメージがあったんです。でも赤に、ちょっと紫が入っていますね。赤は情熱や強さの象徴で、頑張って生きて来た人に現れる色なんです。そして紫は愛情の色で、子供たちに愛情を持って育ててらっしゃるっていうのがよく見えますね。すっごくキレイな赤紫ですね。紫はまれな色で、苦労した人に現れる色なんですよ。紫の人のテーマは『奉仕』。愛情のある人だから、誰かに何かしてあげたいって人が多いんですよ」

美「尽くしますよ、私（笑）」

C「あと、色が強過ぎない。ハッキリ出てはいるんですが、色合いが優しくて、人に対してちゃんと気を配ったり、相手のために何かをできる人だなって感じられますね」

美「やったー♪　うれしいですね」

C「紫色も輝きも、これから良い方向に未来が変わっていくよっていうメッセージでしょう。…あ、ベールをかぶった修道女みたいな人が出てきますね。生き方を指導してくれる霊なんですが、それが聖女みたいな人。今、子供たちのために生きてらっしゃるのは、そういう部分とつながっているのかなって」

美「…なんか聞き入ってしまいますね。私がお聞きしたいのは、子供たちが6人もいて、今ちゃんとやれているのかな？っていうことで…。あとは女性としてなんですけれど、結婚に2回失敗していて…結構捨てられるタイプなんですよ。でも子供のためにはお父さんも欲しいですし。その辺り、どうしたらいいんでしょう？（笑）」

C「そうですね。まずはお子さんのことですね。ちゃんと育てていけるし、子供から教わっていることも多いんじゃないですか？　だから大丈夫。きっと誇れるお母さんだと思います。いつも肩とかにぶら下がってくる映像が見えますね。『お父さんが欲しい』というより、『お母さんが好きなようにしたらいいよ』って皆思っていると思います」

美「あ、それ長男に言われたことあります。前に結婚した時も『最近の美奈ちゃんは笑ってるからいいね。結婚して良かったね』って長男に言われたんです。まだ30歳だから、再婚は諦めていないんですけれどね(笑)。ただ性格にちょっと難アリなんですよ。恋すると依存しちゃうんです。相手に合わせるし、その人がいたら友だちもいらなーい、みたいになって、子供とその人と、家族でいられればいいかってすぐ思っちゃう。すると、男性にはだんだん重くなってくるみたいで(笑)」

C「近い内はすごくいろんな人に声を掛けられたり、いい恋の始まりがありそうです。でも、お仕事と、何か夢に向かった勉強などで忙しくて、恋愛にはあまり集中できないかな…少しすればきっといい人が現れるんじゃないかなって思いますね」

美「確かに、今、いろいろ勉強したいことがあるんですよ。高卒認定を取りたいなとか。あとは英会話や、手話も覚えたい。同じ人間なのに会話ができないっていうのが悔しくて」

C「すごくいいですね。手話が一番身になると思います。耳の不自由な方に求められる、という目的が先にあった方が絶対いいと思います。求められることがご自身の喜びにつながる方だから。お子さんたちがいなかったら、もっと早い段階で人生くじけていたように見えますね。迷った時に相談できる子供たちがいるのは大きいですね。…(宙を見て笑顔になる)きっとお父さんだと思うんですが、『相談できる相手がいた方がいい』っていうことを今すごく言ってるんですよね。お父さんご自身が結構寂しがり屋で…美奈子さんのこと、痛いぐらい分かってますね、親子だし。すごく似てると思うんです。…お父さんもきっと誰にも相談できなくて、美奈子さんに当たっち

亡き父が美奈子さんに思いを伝える——

やったときもあったけど」

美「…（うなずいて涙ぐむ）」

C「愛情がうまく表現できなかったってだけなんです。美奈子さんも元々は、一人で考えちゃうタイプだと思うんです。だからこそ今、相談できる子供たちがいるっていうのは神様からのプレゼントだと思うんですよね。だから『大切にしろ』って。多分お父さんが唯一、後悔していることなんですね。具体的には分からないんですけれど『不器用だったから寂しかったし、本当はもっと優しくしてあげたかったのに』って思いが感じられます」

美「そうです。すごく不器用な人でした…お友だちが全然いなくて」

C「でも美奈子さんもそうだって（お父さんが）言っていますよ」

美「ありがとうございます…なんか、ケンカして、その後そのまま亡くなってしまったので、一人で死なせちゃったのも結局私のせいなんじゃないかな、お父さん怒ってるだろうなって思っていたんです」

C「そんなこと、全然ないです。難しい顔している印象があるかもしれないですが、すっごく笑っている。美奈子さんがお子さんたちを心配するように、お父さんも美奈子さんのことを心配してますよ」

美「安心しました（笑顔）」

C「多分いつも近くにいてくれているんだと思います。今後も悩みにぶち当たったら、子供たちに相談すればいいし、子供たちを大切にしていくことが一番なんでしょう」

美「今でも何でも相談するんですが、そうですね、これからも相談し続けますね」

C「美奈子さんが感じる微ハッピーって…子供たちの寝顔なんじゃないですか？　すごい幸せそう」

美「そう！　ホッとするし、子供たちが寝ている時間はようやく私だけの時間という（笑）。でも確かに、幸せだな、一人じゃないんだなって改めて思える瞬間ですね」

C「私は一人暮らしをしているので、たまに実家に帰ると家族がいるだけで幸せなんですよね。だからお子さんたちもこれから自立するとしたら、

みなこ●1983年2月23日愛知県生まれ。16歳で第一子を出産し、現在は6人の母。'06年9月にスタートしたテレビ朝日系のドキュメンタリー「痛快！ビッグダディ」に出演。'11年4月に"ビッグダディ"こと林下清志氏と結婚するが、'13年4月に離婚。自伝「ハダカの美奈子」がベストセラーに。タレントとして芸能活動を開始する
公式ブログ http://ameblo.jp/minako-officialblog/

人生って、振り子みたいにちゃんと幸せがやってくる

これから生きていくのが楽しみになりました♡

戻ってきたときにすごく安らげると思います。そういうときに、いつまでも笑顔で、安らげる場所を作ってほしいなって思います」

美「分かりました。人生ってトントンなのかなって思いますね。今ようやく幸せなので、たとえツライことがあっても、楽しいことが待ってたんだなって思えるようになりました。トータルで、楽しいこともツライことも味わえるのが人生だし」

C「その通りですよ。大変なときがあったからこそ今の幸せが分かるんでしょうね。人生って振り子のように、大変なことがあってもそのぶん、もっと幸せが待ってるんだなっていうの、私も感じます。苦労して紫のオーラを手に入れたら、もう、こっちのモノっていうか、素晴らしく精神性の高い色だから、これからいろんな楽しい幸せなことが待っているんだなって思いますね」

美「そうですね、これから生きていくのが楽しみですね」

C「なんか、すごく癒やされました」

美「いえいえ、私の方こそ」

お悩み別に「効く!」スポットが見つかる!

CHIE厳選!

オススメ神社&スポット30!!

お悩み別だけでなく、各スポットと相性の良いオーラを
CHIEが紹介！ もちろん、相性の良いオーラに当てはまらない人も
自分の悩みにフィットしたら訪れてください♪

INDEX

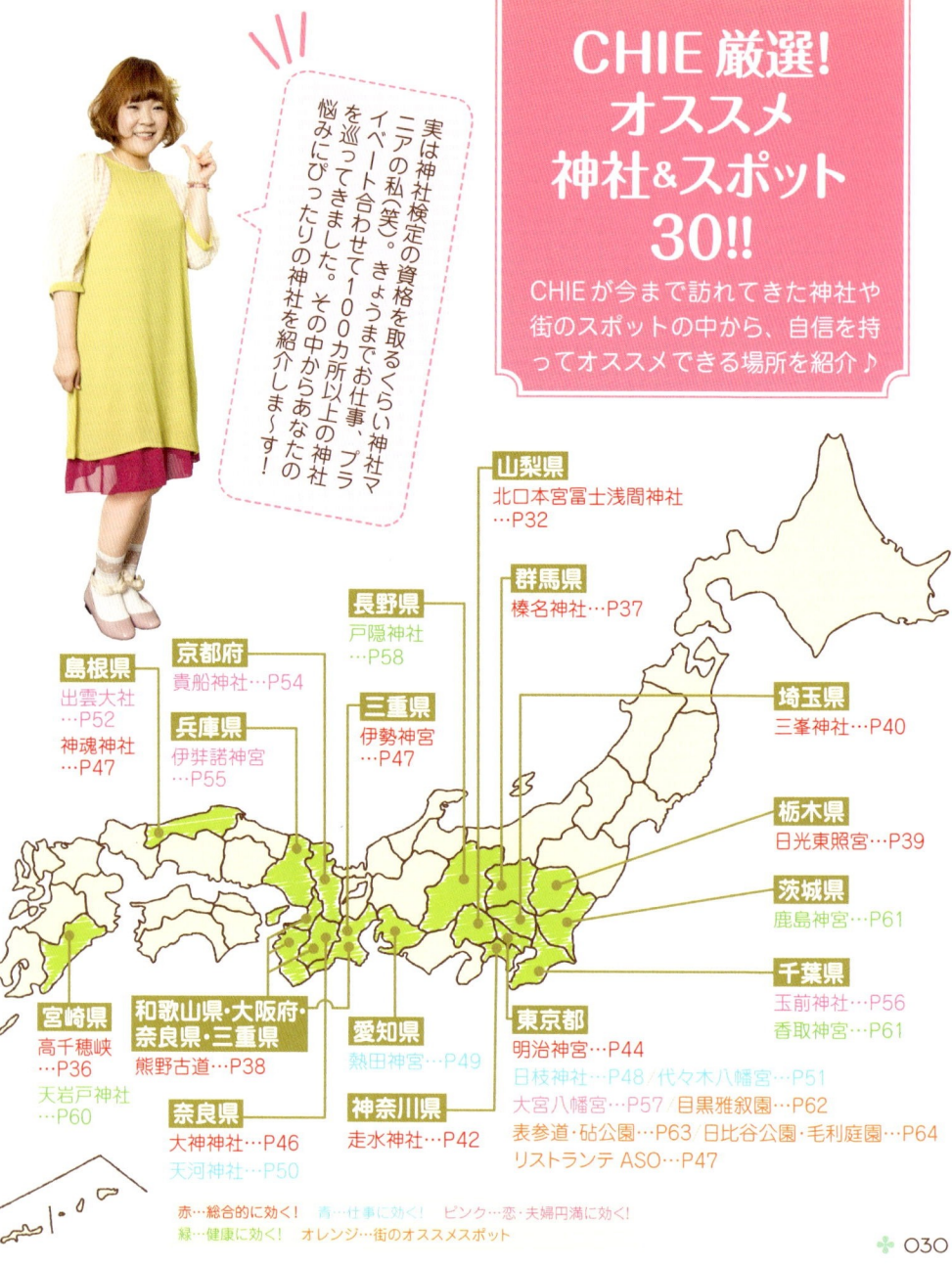

CHIE厳選!
オススメ
神社&スポット
30!!

CHIEが今まで訪れてきた神社や街のスポットの中から、自信を持ってオススメできる場所を紹介♪

実は神社検定の資格を取るくらい神社マニアの私(笑)。きょうまでお仕事、プライベート合わせて100カ所以上の神社を巡ってきました。その中からあなたの悩みにぴったりの神社を紹介しま〜す!

赤…総合的に効く! 青…仕事に効く! ピンク…恋・夫婦円満に効く!
緑…健康に効く! オレンジ…街のオススメスポット

まずは作法をCheck! 正しいお参りの仕方

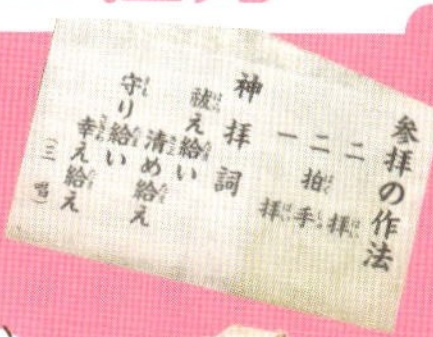

知っているようで正しくは知らないお参り方法。何げなくしているその行動、実は間違っているかもしれません！

［手水《ちょうず》の仕方］

直接口をつけてはいけない

左手、右手の順に清めます。次に、左手で水を受け、そのまま口をすすぎます。ひしゃくを直接口につけるのはタブーです。最後に柄の部分を水で流します。

お願いするときは住所や氏名を言うと効果UP！

神様に願い事をするのだから、あなたは誰で、どこから来た者なのか、しっかり身元を伝えるのがマナーです。願い事を伝える前に、必ず「○○県○○市○○から来た、××と申します」と心の中で名乗りましょう。そうすると、願い事が叶う可能性がUPするかもしれませんよ♪

［参拝の仕方］

→

→

お辞儀する

中央は神様の通り道なので避け、少し横に立って一礼します。お金を入れるときは静かに入れ、投げてはいけません！

拍手する

二回拍手し、住所、氏名を言ったうえで願い事を伝えます。なお、寺院では拍手ではなく、合掌なので注意しましょう。

お辞儀する

願い終わったら、最後にお辞儀を一度します。深いお辞儀ではなくても、軽く頭を下げる程度でよいでしょう。

総合的に効く！神社

現状を変えたい・チャンスが欲しいとき

北《きた》口《ぐち》本《ほん》宮《ぐう》冨《ふ》士《じ》浅《せん》間《げん》神《じん》社《じゃ》

相性の良いオーラ

赤 黄 緑 青 紫

パワーをもらえる拝殿

神々しい光を感じる拝殿正面。天井に飾られている天狗のお面は迫力満点！　平日でも、多くの参拝者が訪れる。

ACCESS

山梨県富士吉田市上吉田5558
0555-22-0221
8：30〜17：00
休 なし

歴史ある大鳥居

多くの木々に囲まれた参道を抜けると、高さ17.7mという迫力ある大鳥居が迎えてくれる。この大きさは木造では日本最大。歴史は古く、日本武尊《やまとたけるのみこと》がこの地に立ち寄った際、そこから見える富士山が大変美しいとおっしゃったことから、大鳥居が建てられたという言い伝えがある。

樹齢1000年以上！

ご神木は3本あり、樹齢1000年以上です。一つは「富士太郎杉」という杉の木で本殿左側に、隣には「富士夫婦檜」という檜が並んでいます。3本めは「富士次郎杉」で本殿裏側にあります。富士太郎杉は県の天然記念物に、夫婦檜と次郎杉は市の天然記念物に指定されています。

関東で最も エネルギーの強い神社

古来より続く富士信仰の聖地で、富士登山道の入り口にある霊験あらたかな神社です。参道には、たくさんの木々や灯篭《とうろう》が並んでいて、神聖で厳粛な雰囲気が漂っています。私がオススメするのは大鳥居につながる参道で、最もパワーを感じる場所です。拝殿の前に立つと、太陽の光が体中を包んでくれて元気や行動する勇気をもらえます。

個人的に、関東で一番強いエネルギーを発していると感じる神社です。私は、まだデビューしたての無名のころ、初めてここを訪れた直後にレギュラー番組の特番化が決まりました！それ以来、事あるごとにここの神社をお参りしています。実は、この本の撮影で訪れた直後、ずっとお仕事がしたいと思っていた方とお仕事できることが決まったんです。私の中では、何かチャンスが欲しいときに行く神社です。

木々の中で自然のパワーを存分に感じよう

一番パワーを感じる参道

大鳥居に続く参道は一帯を木々に囲まれている神秘的な雰囲気。CHIEさんが一番パワーを感じる場所。

秋は見事な紅葉！

本殿の脇には東宮本殿に続く参道がある。イチョウの木が茂っており、秋には見事な紅葉が楽しめる。

林の中でリラックス

本殿裏側の富士登山道を歩いていくと、広大な林に辿り着く。たくさんの木に囲まれた空間では心も身体もリラックスすること間違いなし。

お参りと一緒に…

お土産に…

拝殿の隣ではさまざまなお守りや御朱印帳が置いてある。デザインもかわいいのでお土産にぴったり！

小吉でしたー！

おみくじ

「おみくじを引かせていただきます」と参拝のとき言うと、結果に反映される可能性UP！

オススメスポット 浅間茶屋

鳥もつ 680円

海老天うどん 800円

きのこほうとう 1400円

山梨県富士吉田市上吉田5562-7
0555-30-4010
11:00～18:00(夏季は19:00まで)
休 なし

名物ほうとうと吉田うどんが美味！

北口本宮冨士浅間神社から目と鼻の先にあるお食事処。名産品のほうとうや鳥もつ、もちもちした食感の吉田うどんが味わえる。CHIEさんも、神社を訪れるたびにこちらに来ているとか!

心身共にボロボロ…疲れて泣きたいとき
高《たか》千《ち》穂《ほ》峡《きょう》

相性の良いオーラ

緑　青　紫

ACCESS

宮崎県西臼杵郡高千穂町三田井御塩井
0982-73-1213
終日可能（貸しボートの受付時間は8：30～16：30）
休 なし

高千穂峡は国の名勝、天然記念物に指定されている美しい峡谷です。ほかにも、日本の滝100選に選ばれたという「真名井の滝」など見どころはたくさん！ 高千穂峡に行って心をスッキリさせよう♪

滝の迫力を肌で感じて！

約17メートルの高さから水面に落ちる滝が圧倒的。夏季期間中はライトアップされ、より幻想的に！

心にモヤモヤがたまったら行ってほしい

五ケ瀬川が阿蘇溶岩を侵食してできたV字の峡谷です。「真名井の滝」があり、その迫力と神秘さから、古くより人々に崇められていたそうです。

滝や川などの水の流れには浄化のパワーがあり、疲れや悲しみを洗い流してくれる効果があります。最近、嫌なことばかりでつらいと感じる人は、ぜひここに行って全部出し切ってみてください。心の底から浄化されてスッキリしますよ。

私も昔、嫌なことがあったときに訪れたことがあるんですが、自然の力に圧倒され、帰るころには心がスッキリしたことを覚えています。

マイナスなエネルギーを出し切った後は、近くにある高千穂神社でお参りして、プラスのエネルギーを取り込むのがオススメです。

家でウジウジしているくらいなら、一度旅に出て運気アップしましょう。

本当はあまり教えたくないくらいすごい

私の地元にある神社で、初めてここを訪れたときに神秘的な不思議な体験をして以来、ずっとここへ通っています。神様がいると心から実感できる神社で、本当にすごいパワースポットです。すご過ぎて実はあまり人に教えたくない神社です（笑）。

自然に囲まれた清流に沿って参道ができていて、歩いているだけで心が浄化して安らかな気持ちになれます。俗世離れした神秘的な雰囲気が嫌なことを忘れさせてくれるのでオススメです。

ここには変わったおみくじがあって、最初は白紙なのですがご神水に浸すと文字が浮かび上がる、『ご神水おみくじ』が有名です。

御姿岩と接する本殿

約1400年前、用明天皇の時代に創建され、1806年に再建されたという本殿。後ろには御姿岩がそびえ立っており、本殿と接している。行くだけでみなぎるパワーを感じる。

迫力満点！

岩の頭部が人間の頭のような、巨大な岩。本殿と接して立っているので、一体化しているように見える。岩の上部には御幣《ごへい》が奉られている。

イライラを静ませて落ち着きたいとき

榛《はる》名《な》神《じん》社《じゃ》

相性の良いオーラ

赤 黄 緑 青 紫

お参りと一緒に…

ご神水おみくじ

有名な「ご神水おみくじ」は、水琴窟の横にあるご神水に浸すと白紙に文字が浮かび上がる不思議なおみくじ。ほかにも、恋みくじや幸運おみくじなど種類は豊富なので、自分に合うおみくじを探して♪

ACCESS

- 住 群馬県高崎市榛名山町849
- 電 027-374-9050
- 時 7：00〜18：00（季節により変動）
- 休 なし

不安や悩み、日々のストレスから解放されたいとき

熊《くま》野《の》古《こ》道《どう》

相性の良いオーラ

赤 緑 青 紫

世界遺産認定の大自然の地

熊野古道は、紀伊半島に位置しており、道は和歌山県、大阪府、三重県まで続きます。熊野本宮大社、熊野速玉大社、熊野那智大社の熊野三山に通じる道で、世界遺産にも認定されています。

個人的には日本で最も自然の神秘を感じる、神聖な場所だと思います。私が初めてここを訪れたときは、その自然の雄大さに感動して、自然と涙が溢れてきました。

森や木々の生い茂った所には癒しのパワーがあり、荒れた気を和ませてくれる効果があります。歩いているだけで、安らかな気持ちを取り戻すことができるので、最近疲れがたまっているなぁと感じる人にオススメです。

自然の美しさに感動！

私が行ったときは、体のオーラが自然と輝いたのが分かりました。自然そのものが生み出す美しさに感涙すること間違いなしです。

延命長寿に!?

お瀧拝所には、延命長寿の水があり、ご神盃（100円）はお持ち帰りできる。

国の名勝にも指定されている！

那智の大瀧と呼ばれ、落差は133mで一段の滝では日本一。毎秒1トン以上もの水が落ちているという滝は、大迫力だ。ただただ、水が落ちていく景色を見れば、身も心もリフレッシュ！ 併せて訪れたいのが、熊野那智大社の隣にある、豊臣秀吉が再建した西国一番札所の那智山青岸渡寺。境内から那智の大瀧も見られる。

ACCESS

- 和歌山県東牟婁郡那智勝浦町那智山
- 0735-55-0321
- 8：00〜16：30
- 休 なし

過去のトラウマを断ち切りたいとき
日《にっ》光《こう》東《とう》照《しょう》宮《ぐう》

拝殿の天井には、大迫力の竜の絵が描かれている。

オススメスポット

明治の館

栃木県日光市山内2339-1
0288-53-3751
11：00〜19：30（LO）
休 なし

日光ICから約3kmにある洋食レストラン。看板メニューは写真の「ニルバーナ」（525円）というチーズケーキ。

世界遺産にも登録されている拝殿の賽銭箱正面。さまざまな彫刻が並ぶ。

相性の良いオーラ

赤 黄 緑 青

ACCESS

栃木県日光市山内2301
0288-54-0560
8：00〜17：00（11〜3月は〜16：00）
休 なし

徳川家康公を祀った東照宮の総本山！

言わずと知れた、江戸幕府初代将軍、徳川家康公が祀られている神社です。独特の雰囲気で、すごく重厚感がありました。

「見ざる言わざる聞かざる」で有名な三猿の他、眠り猫などさまざまな動物が社殿には彫られています。

本殿からは強い気迫を感じ、トラウマを解消して弱った気を回復してくれるパワーがあります。厄除けや仕事運にご利益があると言われているので、運気を上げたい人にはぜひオススメです。

拝殿の前の石畳に、通称「パワースポット」と呼ばれている場所があります。そこは本殿からの気の流れ道であり、実際そこに立ったら真冬なのに汗が止まらなくなって、ものすごいエネルギーを感じました。青銅鳥居前に常駐しているカメラマンに聞くと場所を教えてくれるので訪れた際はぜひ聞いてみてください。

新しいアイデアや直感力を得たいとき
三《みつ》峯《みね》神《じん》社《じゃ》

相性の良いオーラ

黄　青　紫

ACCESS

埼玉県秩父市
三峰298-1

0494-55-0241

7：00〜17：00

休 なし

重厚な雰囲気の拝殿

1800年に建立された拝殿。左右の脇障子には、竹林の七賢人の彫刻があり、神前結婚式を行うこともできる。

お犬様の由来

三峯神社は、日本武尊《やまとたけるのみこと》がこの国の平和と幸せを願って、伊奘諾尊《いざなぎのみこと》と伊弉册尊《いざなみのみこと》を祀ったことが由来になっている。狼はお使い（神様と同じ力を持つとして仰がれる動物）として、日本武尊の道案内をしたと言われている。また、あらゆるものを祓い清める力があると言われており、災いから守る能力があると信じられている。

真っ赤な色が鮮やか！

1691年に建てられた随身門。現在の随身門は1792年に再建されたもので1965年に改修、2004年に漆の塗替えを行った。

恋も叶っちゃうかも♥

好きな人がいたら行くべし！

「えんむすびの木」と呼ばれているご神木は、備え付けの紙に好きな人の名前を書いてお納めすると恋が叶うと言われている。

「お犬様」が出迎えてくれます！

「お犬様」として狼を崇める珍しい神社です。秩父の奥にあり、山全体を聖域としています。

日本武尊《やまとたけるのみこと》が東征の途中で道に迷われたとき、狼が現れ道案内したと言われていることから、狼を神の使いとして崇めているそうです。

宮崎駿監督の「もののけ姫」に出てくる「山犬」は、この伝説がモデルだそうですよ。

信仰の対象である三峯山は、修験道場として昔多くの山伏たちが山ごもりをして、修行したと言われています。私が行った際に三峯山を見たら、その周りだけ他とは異なる雰囲気を感じました。緊迫した空気で、赤いオーラが包んでいたことを覚えています。

仕事で新しいアイデアが欲しいときや、インスピレーションを高めたいときにオススメなので、ぜひ参拝してみてください。

仕事の調子が良く、ペースを保ちたいとき
走《はしり》水《みず》神《じん》社《じゃ》

歴史ある拝殿

日本武尊と后の弟橘媛命を祀っている社殿。日本武尊が村人に感謝して下賜した冠が納められているという。

侍女を祀って建てた

別宮は弟橘媛命を追って入水した侍女たちを祀って造られたそう。海が一望できる場所にある。

相性の良いオーラ

黄　緑　青

ACCESS

- 神奈川県横須賀市走水2-12-5
- 046-844-4122
- 終日可能（社務所は9:00～15:00）
- 休 なし

こじんまりした神社の歴史は古い

日本武尊《やまとたけるのみこと》とその后・弟橘媛命《おとたちばなひめのみこと》を祀っており、歴史が深く、神々しい崇高な神社です。東征中の日本武尊が走水の地から上総国へ渡ろうと船出しましたが、海は荒れ、立ち往生してしまいました。そのときに同行してきた弟橘媛命が自ら入水し、命と引き換えに海の神の怒りを鎮めたと言われています。その伝説にちなみ、創建されました。

神社内には、弟橘媛命が入水したことで自分たちも殉じた侍女を祀った別宮や、弟橘媛命が入水するときに詠んだという歌が刻まれている歌碑などがあります。

仕事運や縁結びなどにご利益があると言われています。

仕事が忙しくて神社参りができない際は、都心からも近いので心を癒やしにぜひ訪れてみてください。頑張っている人には神様の後押しがあるかもしれませんよ。

弟橘媛命が詠んだ歌

別宮の脇の道を登っていくと、弟橘媛命が日本武尊を思って詠んだという歌が刻まれている歌碑があります。これは以前、自分の命を身を呈して救ってくれた日本武尊への思いをつづった歌で、弟橘媛命の日本武尊を一途に思う気持ちが伝わってきます。弟橘媛命は、入水する際に以前詠んだ日本武尊を思うこの歌を唱えたと言われています。この歌碑を見て、日本武尊と弟橘媛命の夫婦愛を感じてみてください。

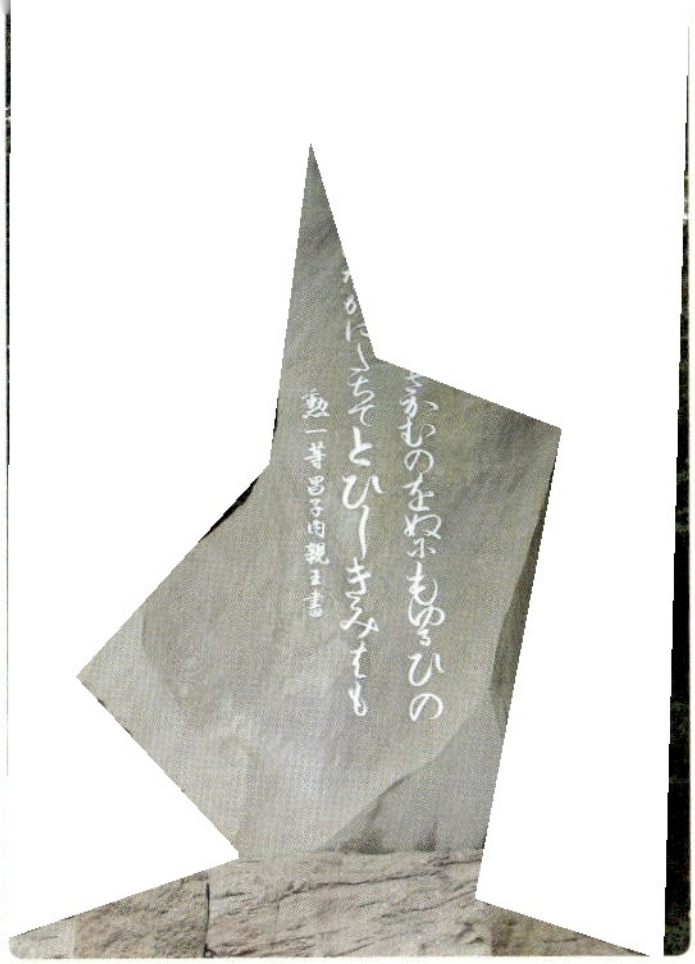

航海の安全を祈る

昭和50年に創建されたという弟橘媛命の「舵の碑」。何と碑の横にある舵は、実際の舵を使っているとか！ 弟橘媛命にあやかり、海の安全と平和を祈って建てられたという。

新鮮な湧水

深さ30mより湧き出ているかっぱの像のそばの湧水は、ミネラルを含んでおり、富士山より長い歳月をかけてこの辺り一帯に湧いているんだそう。

神秘的な雰囲気

社殿の右側の稲荷神社。赤い鳥居の前には4匹の狛狐《こまぎつね》がいて、奥の稲荷神社を守っている。

オススメスポット

ホウトーベーカリー県立大学駅店

神奈川県横須賀市安浦 2-29-1
046-874-5552
8：00〜20：00
休 日曜・祝日

左上から時計回りに、チョコバンズ（￥130）、古敷谷畜産和牛コロッケ（￥200）、よこすか海軍カレーパン（￥210）。どこか懐かしい味わいは、昔から地元の人々に親しまれている。できたてをぜひ。

困っているとき、何かアドバイスが欲しいとき

明治神宮《めいじじんぐう》

神々しい拝殿

大都会の中にあるとは思えないほど、自然溢れる拝殿正面。初詣者数は日本一を誇る。

祈願は神楽殿で！

神楽殿では、家内安全や厄祓いなどさまざまな祈願を受け付けている。初宮詣、七五三詣などもここで行われる。

相性の良いオーラ

赤　黄　緑　青　紫

ACCESS

東京都渋谷区代々木神園町1-1
03-3379-5511
5：20～17：20（9月は異なる）
休 なし

都内で一番のパワースポット！

明治天皇、昭憲皇太后を祀る神社です。都内のパワースポットでは一番パワーがあると言ってもいい場所です。

本殿でお参りした後は、宝物殿の前の北池の近くにある亀のような形をした巨大石「亀石」を探しに行ってみてください。この石はものすごく強いエナジーを発していると言われていて、占い師やスピリチュアルな方々がよくこの上に座ってパワーをもらっているそうです。

また、私のオススメは明治神宮の「大御心《おおみこころ》」というおみくじです。ほかの神社のおみくじと違って、吉凶がなく、明治天皇と昭憲皇太后の作られた和歌のみが書かれているのですが、これが驚くほどよく当たるんです！　今の悩みにピタッと当てはまることが書かれてあるのでびっくりします。訪れた際にはぜひ一度引いてみてください。

夫婦円満に効く！

外拝殿の横にある夫婦楠です。その名の通り、縁結びや夫婦円満、家内安全に効果があると言われています。悩みを抱えている人はぜひ、ここでお祈りしてみては？

都内で湧水の井戸が見られる！

御苑の中にある、「清正井《きよまさのいど》」。こちらは、都内では珍しい湧水の井戸。毎分約60リットルの清らかな水が湧き出ている。この名前は、加藤清正という安土桃山から江戸初期に活躍した武将が自ら掘ったとされていることから付けられたそう。人気癒やしスポット。

お参りと一緒に…

おみくじ

「大御心」という明治神宮独自のおみくじ。通常のおみくじのように吉凶は書いていないのが特徴。お守りも学業や縁結びの他、スポーツや旅行に効くものもある。

オススメスポット

コロンバン 原宿本店サロン

- 東京都渋谷区神宮前6-31-19
- 03-3400-3838
- 10：00 ～ 22：00（日曜・祝日は～20：00）
- 休 なし

大人気の「原宿はちみつロール」はソフトな食感と、原宿産はちみつの味がたっぷり味わえる。

人生の節目を迎えて新しいことを始めるとき

大神神社《おおみわじんじゃ》

神様の宿る神聖な山

鳥居の後ろに広がるのが三輪山です。日本一の霊山と言われているだけあって、気が弱っているときには登り切れません。決心してから登りましょう！

相性の良いオーラ

赤　黄　緑
青　紫

徳川家綱公が造営した拝殿

拝殿は、大正10年に国の重要文化財に指定された。日本最古の神社の一つとも言われており、歴史を感じる建物。拝殿の奥には三ツ鳥居がある。

ACCESS

- 奈良県桜井市三輪1422
- 0744-42-6633
- 9：00〜17：00
- 休 なし

神山登拝するのもオススメです！

日本最古の神社。そのため本殿を持たず、三輪山そのものをご神体として仰ぎ見る神社の原初的形態を残している神社です。

大きな拝殿と神様が宿ると言われている三輪山からはものすごい気迫が感じられ、お参りするだけで勇気と活力をもらえます。神様の後押しが欲しいときに、お参りするのがオススメです。

三輪山は登拝可能で、私も年に一度「これからより一層、頑張ろう」と決心したときに身を引き締めるために登っています。登拝は大変ですが、登り切った後に達成感と充実感でいっぱいになって、「この険しい山を登り切ったのだから、今後どんな困難が起きても乗り越えられる！」と自信が持てます。本気のときは裸足で登ったりもします（笑）。裸足になって直接自然に触れた方がより大地のエネルギーを吸収できるんですよ。

COLUMN

まだまだある

CHIEオススメスポット

CHIE さんのオススメスポットは、実はまだまだあります！
皆さんに訪れてほしい 3 つのスポットを紹介しまーす♪

伊勢神宮《いせじんぐう》

一生に一度はお参りしてみたい

正式名称は「神宮」といい、日本最高位の神社です。日本で一番パワーがあると言ってもいい場所で、私が初めて行ったときはその壮麗さと神々しさに鳥肌がおさまりませんでした。「お伊勢参り」といって、伊勢神宮にお参りするのは、昔から一生に一度の一大イベントでした。松尾芭蕉をはじめ、多くの文化人や著名人が訪れています。

伊勢神宮は、内宮《ないくう》・外宮《げくう》と分かれていて、内宮には日本の総氏神である天照大神《あまてらすおおみかみ》が主祭神として祀られています。外宮、内宮の順にお参りするのがオススメです。内宮では、世界平和などスケールの大きい願い事を、外宮では、個人的な願い事をすると良いとされています。

個人的に、内宮別宮の「瀧原宮」という場所に一番パワーを感じました。ここは、「ゼロ磁場」という、体内のマイナスエネルギーを浄化してくれる場所と言われています。訪れた際はここで一度立ち止まって、深呼吸して良い空気を取り込んでみてください。

住所：三重県伊勢市宇治館町 1

神魂神社《かもすじんじゃ》

日本最古の神社

現存する日本最古の大社造として「国宝」に指定されており、出雲大社を創建する際は、神魂神社の倍率で設計されたそうです。

時代を感じる木造のお社からは他の神社にない、不思議なパワーを感じます。私が行ったときは、金色のオーラで包まれているように見えました。近くに立つと、足元から血液が炭酸水のようにぶわーっと上がるのが実感できます。

元気が足りないときやエネルギーが欲しいときにぜひ！

住所：島根県松江市大庭町 563

リストランテASO

店内は緑でいっぱい！

代官山の旧山手通りにある、緑豊かなレストランです。昭和初期の洋館を改装して造られたこともあり、どこかレトロな外観で、ほっとひと息つきたいときによく行きます。

そして何より私がパワーを感じるのは、中庭から見えるケヤキの木です！ このケヤキは樹齢300年という立派な木です。また、それ以外にも店内には緑がたくさんあるので、本当にリラックスできます。

どのメニューもとってもおいしいので、落ち着きたいときにぜひ行ってみてください。

住所：東京都渋谷区猿楽町 29-3

仕事に効く！神社

勝負する前、頑張らなければいけないとき

日《ひ》枝《え》神《じん》社《じゃ》

相性の良いオーラ
赤　黄　緑

鮮やかな神門

大きな鳥居を抜けると、カラフルな神門が迎えてくれる。神門の両側では、2体の夫婦猿の像が安置されている。オフィス街の中で都会の喧騒を忘れさせてくれる。

オフィス街の中でエナジーをもらえます

国会議事堂の近くにあり、厄除け、安産、縁結びの他、商売繁盛や社運隆昌に効くと多くの参拝者が訪れます。神使は猿で、夫婦猿の像が神門などに安置されています。

永田町には、首相官邸や国会議事堂など、国を治めたり国を造ったりする土地のエナジーがあります。何かを始める際、勝負に出るときにはぜひここで一度お参りをして、活力を生み出すパワーをもらいましょう。

私は赤坂で仕事がある際は、必ず訪れ、仕事の前にお参りします。大都会の中でここだけ空気が違って、とても居心地がいいんです。

ACCESS

- 東京都千代田区永田町2-10-5
- 03-3581-2471
- 5：00～18：00（10～3月は6：00～17：00）
- 休 なし

お猿さんがたくさんいます！

日枝神社の神使である猿は、古くから魔が去る「まさる」と呼ばれ、厄祓いとして信仰されていました。日枝神社では、夫婦猿の像のほかにも、さまざまな猿のお守りがあるのでお参りの際はぜひ！

山王のお猿さん

社殿の前に安置されている夫婦猿の像。猿を「えん」とも呼ぶことが「縁」につながり、縁結びのご利益がある。

勝負を控えている、勇気が欲しいとき

熱田神宮《あつたじんぐう》

大都会の中にある約6万坪の癒やし空間

三種の神器の一つ、草薙剣《くさなぎのつるぎ》を祀る神社です。日本武尊《やまとたけるのみこと》は、神剣を今の名古屋市緑区大高町火上山に置いたまま、三重県で亡くなりました。日本武尊の后であった、宮簀媛命《みやすひめのみこと》は神剣を熱田の地に祀り、それが熱田神宮の始まりとされています。

境内は約6万坪で、樹齢1000年を超える大楠《おおくすのき》が立ち並んでいます。名古屋市という大都会の中にありながら、緑豊かな地はリラックスすること間違いなしです。

祭典を年間約60も開祭しており、特に6月5日にある「熱田まつり」は天皇陛下のおつかい（勅使）が参向される他、花火なども行われるので、市民にも古くから広く親しまれています。

勝負運にもご利益があり、織田信長が桶狭間の戦いの前にここを訪れて戦勝祈願したと言われています。熱田神宮には「勝守」というカラフルなお守りがあるのですが、見ているだけでメラメラと強い勇気が湧いてくるのでオススメです。

私は緊張する仕事のときや、何か勝負するときはいつもここのお守りを握っています。そうすると毎回うまくいくんですよ。

上日祝日にはボランティアの方々がガイドをしてくれます。手水舎の前辺りに常駐していて、無料なうえ、事前の申し込みも不要で神社の歴史や豆知識を教えてくれるので面白いですよ。

相性の良いオーラ

赤　黄

ACCESS

愛知県名古屋市熱田区神宮1-1-1
052-671-4151
終日可能
なし

芸術に関わる仕事をするなら

天《てん》河《かわ》神《じん》社《じゃ》

芸を磨くときに鳴らす

本殿にある、古来より天河神社に伝わる独自の神器の「五十鈴」。芸能の世界で精進する人は、こちらを鳴らし、芸が上達することを願おう。

怖いくらいのパワー！

真っ赤な迫力ある鳥居が印象的です。弘法大師が参籠したことでも知られています。少し怖いくらい、パワーに溢れていました。神秘的な雰囲気を感じてください。

相性の良いオーラ

赤 青 紫

ACCESS

奈良県吉野郡天川村坪内107
0747-63-0558
7：00～17：00
休 なし

今、最も注目の神社です！

芸能の神様を祀っている神社で、厳島《いつくしま》、竹生島《ちくぶしま》と並ぶ日本の三大弁財天の一つです。今なお、原生林が群生している、自然豊かな地にあります。

日本の三大霊山と言われている恐山、高野山、比叡山を結んだ三角形の真ん中に位置する超パワースポットで、今スピリチュアル界で最も注目されている神社です！それなのに、まだそこまで知られていないので、パワーが温存されているんです。

歌手の長渕剛さんがこちらで結婚式を挙げたことでも有名で、そのほかにも多くの芸能人が参拝に訪れています。私もよく芸能界の先輩をここに案内するのですが、霊感のない方でも「あそこだけは何か感じた」と皆さん絶賛する神社です。

山奥にあってお参りに行くには決心が必要ですが、芸能の世界に身を置く人なら、ぜひ一度お参りしてみてはいかがでしょうか。

仕事が欲しい、芸を磨きたいときに！

この近くに引っ越すと出世するという噂があって、不動産業界ではプラチナロードと呼ばれている場所にある神社です。

渋谷区代々木という都会のど真ん中にあるというのに、代々木八幡宮の杜は自然が多いことで有名です。楠《くすのき》やケヤキ、イチョウなどの木々が茂り、季節によってさまざまな景色を見ることができます。

本殿の裏にある「出世稲荷」が仕事運に良いと言われ、ここを訪れたある芸人さんがその後、大ブレイクを果たしたのをきっかけに、数多くの芸能人がまねしてお忍びで訪れているそうです。

私もここを参拝した直後にレギュラーの仕事が決まったので、それ以来大切な仕事の前には必ずこちらの神社を参拝しています！

新しく仕事の縁を結びたいときや、芸を磨きたいときに訪れてほしいです。

大勢の人で賑わう

本殿のすぐ裏にある神社で、赤いたくさんののぼりが目印。ここにお参りすると、仕事が増えたというご利益があることから、多くの参拝者で賑わう。

緑豊かな空間

平成23年には創建800年を迎えた歴史ある神社。渋谷区にあるにもかかわらず、豊富な緑に囲まれている。

新しい仕事が欲しいとき

代々木八幡宮《よよぎはちまんぐう》

相性の良いオーラ

赤 緑 青

ACCESS

- 東京都渋谷区代々木5-1-1
- 03-3466-2012
- 9：00～17：00
- 休 なし

恋・夫婦円満に効く！神社

出《い》雲《づも》大《たい》社《しゃ》

いろいろな面で多くの人と縁を結びたいとき

相性の良いオーラ

赤　黄　緑

出雲大社神域へ

木製の鳥居は迫力の大きさ！　ここをくぐって、出雲大社の参道を進んでいく。この鳥居が出雲大社神域の入り口とされている。

縁結びの神様

出雲大社の祭神は国造りや縁結びの神として祀られている大国主大神《おおくにぬしのおおかみ》。神話も数多くあり、これは有名な「因幡《いなば》の白兎《しろうさぎ》」を表した像。

ACCESS

島根県出雲市大社町杵築東195
0853-53-3100
6：00～20：00
休 なし

日本最古の銅の鳥居！

4番めにある鳥居は銅でできていて、ここをくぐって境内に入ります。長州藩第2代藩主である毛利綱広が1666年に寄贈したもので、銅の鳥居の中では日本最古のものだと言えます。

大迫力の大注連縄《おおしめなわ》

出雲大社で最も目を引くのが大きな「大注連縄」。長さ13.5m、胴回り8m、重さは4.4トンという大きさは日本一だと言われている。5〜8年に1回付け替えられる。

神々が集う地にある数千年の歴史を持つ神社

縁結びの神様でもある大国主大神《おおくにぬしのおおかみ》が祀られている神社です。

旧暦の十月（現在の十一月）は八百万《やおよろず》の神様が出雲に集まると言われており、出雲では「神在月《かみありづき》」と呼ばれているので、お参りするならその時期がオススメです。

出雲大社での参拝作法は「二礼四拍手一礼」で拝礼します。これは「手を四回合わせる＝四合わせ＝しあわせ」が由来なんですって。

そして参拝するときには、もう一つポイントがあります。実は出雲大社の神座は正面を向いておらず、横向き（西向き）になっているんです。なので神様と対話したい場合は、拝殿でお参りした後に西側（向かって左側）に立ってお参りするのがオススメです。これは地元の人でもあまり知られていない、マル秘参拝作法なので、こっそり実践してみてください。

昔の恋人が忘れられない・次こそ成就させたいとき

貴《き》船《ふね》神《じん》社《じゃ》

相性の良いオーラ

赤　青　紫

幻想的な表参道

二の鳥居を通り抜けると、石段が続く参道に出る。参道の両側には、春日灯籠がずらりと並んでおり、幻想的な雰囲気を醸し出している。

短冊が揺らめく本宮

参道を抜けると本宮がある。七夕の時期には、短冊を吊るした笹がたくさん飾られ、願い事が貴船神社に集まる。ライトアップもされ、情緒的な空間に。

ACCESS

京都府京都市左京区鞍馬貴船町180
075-741-2016
9：00〜16：30(時季により延長あり)
休 なし

縁結びに霊験あらたかな神社

鴨川の水源地にある本宮、結社、奥宮の三社からなっている神社です。創建の年代ははっきりしていませんが、約1300年前にはすでに御社殿の造替が行われていた記録が残っていることから、その歴史は圧巻です。

平安時代の歌人、和泉式部が夫の気持ちが離れていったことを悲しみ、ここで復縁祈願をしたところ見事成就したという逸話があります。それ以来、貴船神社は縁結びの神として多くの人に慕われ、「恋の宮」と称されることになったそうです。

縁結びといっても、恋だけでなく、人と人や子宝、就職などさまざまな縁結びの願かけが行われています。

夫婦円満や復活愛にご利益があると言われていて、昔の恋人とヨリを戻したいと願う人、そして人になかなか言えないような恋の悩みを抱えている人にもオススメです。お守りも種類が豊富です。

夫婦生活がうまくいっていないとき
伊《い》弉《ざ》諾《なぎ》神《じん》宮《ぐう》

夫婦円満に効果抜群の神社

国生みの神様とされている、伊弉《いざなぎ》諾大神《のおおかみ》と伊弉冊大神《いざなみのおおかみ》の夫婦神を主祭神に祀る神社です。

ここは、なんとあの伊勢神宮と同緯度に位置していて、天照大神《あまてらすおおみかみ》が朝日の神格と呼ばれているのに対して、入り日（夕日）の神格と表現されているそうです。ひっそりとたたずんでいる神社ですが、厳かな雰囲気が漂っていて、とても気持ちが良いのでオススメです。

境内には、樹齢900年を超える夫婦大楠という木があります。これはもともと2株だったものが結合して1株になったという、珍しい木です。男性は右手で、女性は左手で触れるとパワーがもらえると言われています。

夫婦円満、安産のご利益があるそうなので、最近夫婦であまり時間が取れていないと感じる人はぜひここを訪れてみてください。

夫婦円満に効くご神木

兵庫県指定天然記念物にもなっている「夫婦大楠」は、伊弉諾神宮のご神木。江戸時代から安産や子宝、夫婦円満に効くと信仰されている。

ぜひご夫婦で触って♪

ほとんどのご神木は手で触れることが禁止されていますが、こちらは触れてOK！ 夫婦円満にばっちり効きます！

格式高い本殿

境内は約1万5000坪と広大。本殿は、明治時代に移築されましたが、かつては禁足の聖地にあった。

相性の良いオーラ

赤 黄 青 紫

ACCESS

兵庫県淡路市多賀740
0799-80-5001
終日可能※社務所は8：30～17：00
休 なし

好きな人を振り向かせたいとき

玉《たま》前《さき》神《じん》社《じゃ》

相性の良いオーラ

赤　黄　緑

黒漆塗りが特徴

九十九里浜の南端にある玉前神社。鳥居を抜けると、珍しい黒漆塗りの権現造りの社殿が見えてくる。社殿は、千葉県指定の有形文化財とされている。

女性にオススメのイチョウ

自然に溢れて落ち着いた雰囲気の境内にある「子宝・子授けイチョウ」。触れると安産や子宝に恵まれるなどのご利益があることから、多くの女性が訪れ、祈願していく。

ACCESS

千葉県長生郡一宮町一宮3048
0475-42-2711
8：00～17：00
休 なし

女性に嬉しい効果がたくさんある！

玉前神社は富士山と出雲大社を結ぶレイライン上に位置している神社です。レイラインとは、神秘的でエネルギーの高い線のことで、そこに立つ玉前神社もすごい波動を発しています。玉前神社は、玉依姫命《たまよりひめのみこと》という女性の神を祀っています。その影響か、神社自体のオーラも温かいピンク色をしていました。

玉前神社では、海から寄せられた光り輝く12個の玉をご神体として祀っているので、拝殿でお参りする際は自分の心が光り輝くイメージで拝礼すると、より効果的です。

縁結びや子宝のご利益があると言われており、境内には「子宝・子授けイチョウ」というイチョウがあります。雄株、雌株、実生《みしょう》の子供イチョウの順に触れると子宝に恵まれると評判です。特に女性の方はお参りすると、本来の母性本能や女性の美しさを取り戻せますよ！

子宝に恵まれたいとき

大《おお》宮《みや》八《はち》幡《まん》宮《ぐう》

落ち着いたたたずまい

神門を抜けると、総檜造りの社殿があり、周りは都心の中ながら緑に囲まれて、静けさに包まれている。境内は約1万5000坪ある。

私はここに行くととても安らぎます

「東京のへそ」にあることもあって、すごくパワーが集まっている場所だと思います。「小さい妖精」がよく目撃されますが、私も見ちゃいました（笑）。

相性の良いオーラ

黄　緑　紫

東京のへその神社は子宝や子育てに効果抜群！

子育てや縁結びにご利益があると言われている神社です。東京都のほぼ重心にあるため、「東京のへそ」という呼び名もあります。

境内には、夫婦銀杏というイチョウがあり、夫婦円満のシンボルとされています。

しかも、ここは敷地内に幼稚園があって、子供たちから発せられる若くて元気なエネルギーで満ち溢れているので、まさに子育てや子宝に悩んでいる人にはぴったりの神社です。

また、ここでは見ると幸せになれるという都市伝説の、「小さい妖精」が度々目撃されるらしいです。皆さんもぜひここで妖精を捕まえてみてください（笑）。

お参りと一緒に…

えんむすび守

丸い円が「縁」につながるという、「えんむすび守」はさまざまな縁結びにオススメ。ほかにも、子宝や子育てに効くお守りや、ペットとの絆を深めるユニークなお守りもある。

ACCESS

- 東京都杉並区大宮2-3-1
- 03-3311-0105
- 6：00～17：00 ※授与所は9：00～
- 休 なし

健康に効く！神社

心に詰まったモヤモヤを消化したいとき

戸《と》隠《がくし》神《じん》社《じゃ》

相性の良いオーラ

緑 青 紫

奥社の参道にある随神門

約2km続く、奥社参道の中程にある、随神門。赤塗りの門は神秘的な雰囲気があり、この後ろには杉並木の参道が続いており、そこを抜けるとパワースポットとして名高い奥社がある。

奥社への入り口白い鳥居

奥社の入り口は大きな鳥居がある。この鳥居は、ほかとは異なり、白色をしている。周りを取り囲む杉の木と融合して、神聖な場所という印象を受ける。

ACCESS

- 長野県長野市戸隠3506
- 026-254-2001
- 終日可能
- 冬期閉山

太陽の光の中 緑を存分に感じる

随神門を抜けると、約500m続くのはクマスギの並木道。これらは樹齢400年を超えていて、長野県の史跡・天然記念物に指定されている。

一番オススメ！

私がオススメしたいのは、この飯綱《いづな》社《じゃ》です。奥社に行く手前左手にある、小さな建物ですが、一番パワーを感じます。見落としてしまいがちですが、この場所だけ気が変わるのを感じたのでぜひ訪れてほしいです♪

自然と融合した 癒やされ度抜群の神社

自然に囲まれていて、木々のエネルギーに溢れていて傷心を癒やしてくれる神社です。

創建から2000年余りに及ぶと言われており、とても歴史のある神社です。改装を一切していないので、周りの豊かな自然と融合していて、すごくパワーを感じます。ここには白い鳥居があるのですが、それもまた神秘的な雰囲気を醸し出していました。

初めてここを訪れたときにすごく気に入ってしまい、それ以来、心の浄化スポットと私は呼んでいます。嫌なことを忘れたいときに訪れるといいと思います。

私が特にオススメなのは、奥にある飯綱社という、小さなお社です。人の手が加わっていないこともあり、強いエネルギーを感じて、とても心地良かったです。戸隠神社を訪れた際は、併せて参拝してください。

健康状態がすぐれないとき
天《あまの》岩《いわ》戸《と》神《じん》社《じゃ》

天岩戸伝説の舞台！

天岩戸をご神体として祀っていて、ここに行けば、天岩戸伝説を肌で感じることができる。祓い清めてもらえば、天岩戸自体も拝観できる。

相性の良いオーラ

黄　緑

幻想的な大洞窟

天安河原《あまのやすかわら》は、天照大神にいかにして出ていただくか、八百万の神々が話し合いをした場所と言われています。

ACCESS

宮崎県西臼杵郡高千穂町岩戸1073-1
0982-74-8239
8：30〜17：00
休 なし

周りと空気が違う！体調回復の効果があるかも！

古事記、日本書紀によると、天照《あまてらす》大神《おおみかみ》が弟の素戔嗚尊《すさのおのみこと》の乱暴に怒って、天岩戸という岩窟に隠れたという伝説があり、その天岩戸を祀ったのがこの神社です。社務所で受付をすれば、この天岩戸を拝観することもできます。

拝殿の裏の奥には、「遥拝所」という、お祓いをしないと入れないと言われている神聖な場所があって、そこが一番強いパワーがあると言われています。

私が行ったときは、木々と太陽の光からとても優しい雰囲気を感じました。その不思議なパワーは、「ここでお参りすると風邪が治る！」なんて噂が出回るほどです。ここに行けば、体内のマイナスエネルギーを取り除いて、体調を回復してくれる効果がありますよ♪

長寿祈願や健康のことでお参りしたい方にはぜひオススメです。

ぜひセットで参拝してほしい

平安時代には伊勢神宮を除いてこの二社のみが「神宮」の称号で呼ばれていたそうで、そのパワーは絶大です。

両宮には「要石」という巨大石が埋まっており、その近くに立ってパワーをもらうのがオススメです。

鹿島神宮には、帯《おび》占いという運試しのできる、変わったおみくじがあります。境内は、どっしりとした重圧感が感じられます。参拝するだけで心が安定した気持ちになるので、落ち着かないとき、迷っているときはぜひ行ってみてください。

香取神宮は、朱塗の大鳥居という鳥居が参道正面にあり、とても神聖な雰囲気でした。春には、桜と融合して見事な景観を楽しめます。本殿と楼門は、江戸時代に創建されており、重要文化財に指定されています。

ぜひ両宮とも併せて参拝してほしいです。

心が落ち着かない、迷っているとき

鹿《か》島《しま》神《じん》宮《ぐう》&香《か》取《とり》神《じん》宮《ぐう》

相性の良いオーラ

黄 緑 紫

鹿島神宮

江戸時代からある社殿

現在の社殿は、江戸時代2代目将軍の徳川秀忠公が奉納された。境内には「御手洗池」という池があり、誰が入っても同じ深さと言い伝えられている。

ACCESS

茨城県鹿嶋市宮中 2306-1
0299-82-1209
9：00～16：00　休 なし

香取神宮

黒に金が映える本殿

黒漆塗りに金色の装飾が美しい拝殿。本殿の奥には、桜馬場という場所があり、四季折々で素晴らしい景色を見せてくれる。

ACCESS

千葉県香取市香取 1697
0478-57-3211　終日可能　休 なし

真っ赤な楼門

鮮やかな赤色が目立つ楼門。本殿とともに建造され、重要文化財に指定されている。

番外編 街のオススメスポット

目黒雅叙園

結婚式を挙げるなら絶対にここ！

平成25年に創業85周年を迎えた目黒雅叙園は、日本初の総合結婚式場です。かつて「昭和の竜宮城」と呼ばれていた建物は、どの空間に行ってもその美しさに圧倒されます。風水にもすごくこだわって作られていて、建物でこんなに良い気持ちになる場所は珍しいと思います。

特にオススメなのは、庭園の滝です。滝の裏側を回ることができる「胎内巡り」は、特に女性の運気が上がる効果がありますよ！　私が結婚式を挙げるなら、絶対に目黒雅叙園で挙げたいです（笑）。

庭園には迫力満点の滝が！

庭園を臨む大きな滝。都会の喧騒を忘れて、ゆったりした気持ちになれる。池にはたくさんの鯉もいて、まさに日本庭園を楽しめる。婚礼写真で利用する人も多いそう。

滝の中に入れる！

癒やし効果抜群！

庭園に入って右手の洞窟の中を進んでいくとなんと滝の裏側に！滝のマイナスイオンに癒やされること間違いなし。

ACCESS

東京都目黒区下目黒1-8-1
03-3491-4111（大代表）
24時間営業
休 なし

歴史的な百段階段

昭和10年に建てられ、園内で唯一現存する木造建築。通常は一般非公開だが、年に数回の展覧会や専任ガイドの解説と食事が付いた見学ツアーで見ることができる。

表参道

ケヤキ並木を一望できる歩道橋

表参道といえば、街路樹のケヤキ並木。その風景を眺められる神宮前5丁目の歩道橋は、CHIEさんがパワーを感じる場所の一つ。CHIEさんいわく、下は車や人の通りが激しいながらも、全く嫌な気がしないそう。

灯籠の立つこの場所がオススメ

本来は、明治神宮の参道として整備された表参道。その交差点に立つ2つの石灯籠。都会にいながら、気の流れがとても良い場所だと感じるそう。

ACCESS

東京都港区北青山3-6-12
（住所は表参道駅）

砧公園

写真提供：公益財団法人東京都公園協会

自然と触れ合いたいときに！

緑の芝生が広がった園内は、自然を感じたいときにぴったりです。桜の名所としても知られているので、毎年花見の時期は多くの花見客で賑わいますよ。

ACCESS

東京都世田谷区砧公園1-1
03-3700-0414

日比谷公園

ACCESS

東京都千代田区日比谷公園
03-3501-6428

巨大なイチョウの木

S字形にあるイチョウ並木の中で一際目立つ「首かけイチョウ」。CHIEさんいわく「この場所だけオーラの色が違う」そう。秋には見事な紅葉が見られる。

ビジネス街の癒やし空間

日本初の「洋風近代式公園」として誕生し、平成15年には開園100年を迎えた。公園内には野外音楽堂や公会堂もあり、多くの人に広く利用されている。四季折々の植物も楽しめる。

毛利庭園

美しい日本庭園

面積は4300㎡にもわたる広大な日本庭園。水と緑が溢れる空間では、四季によって多くの植物が迎えてくれる。池にはメダカやかわいいカルガモ親子などの姿も見られる。

ACCESS

東京都港区六本木6-10-1ほか（六本木ヒルズ内）
03-6406-6000
7：00〜23：00
休 なし

ほっとひと息つこう

六本木ヒルズという近代的な施設の中にあるとは思えないくらい、自然に囲まれた空間。ゆっくり散策するのがオススメ。

きょうより明日、
ちょこっと幸せになる♪

びはっぴ～メッセージ

毎日を幸せに過ごすための
ちょっとしたヒントを
CHIEが皆さんにお届けします！

Message 1

嫌いな人を笑わせたら仲良しになれる！

…残念ながら、どうしても好きになれない人って誰にでもいますよね。学校でも職場でもご近所でも、そして家庭内でも、違う人間が同じ場に集まっているのだから、いない方がおかしいんです。正直、私にもいます（笑）。

でも、嫌いと思って距離を取ってしまったら、そのまま何も変わりません。他人にしたことは全て自分に返ってくるものなので、嫌いな人がいればあなたも嫌われる一方です。

そこで、私が実体験からオススメするのが、「嫌いな人を笑わせる」です。

普通、嫌いな人を頭に思い浮かべたときって、その人の怒った顔や冷ややかな顔が浮かんでしまって、笑った顔なんて出てこないと思うんです。それで、なおさら〝嫌い〟という印象が強くなってしまう。それは、あなたがその人の笑顔を見たことがない、もしくは笑い掛けられたことがないからです。

でも、積極的に話し掛けて、嫌いだと思っていた人の笑顔を一度でも見ることができたら、怒っている顔を笑っている顔に塗り替えることができます。自分の中の嫌いな人の印象が自然と笑った顔に変わっていくんです。そうすると、いつの間にか〝嫌い〟という気持ちが消えて、「あんなふうに笑ってくれるなら、話し掛けてみようかな」と思えます。それで、話しているうちにどんどん仲良くなれる、というわけなんです。

私自身、この方法を実践して、苦手だと思っていた人とすごく仲良くなったことが何度もあります。

相手が上司でも友達でも、とにかくだまされたと思ってたくさん話し掛けてください。話題は本当に何でもいいんです。そして、一度でいいから笑わせてみてください。それだけで、きっと何かが変わりますよ♪

ハッピーへの近道

まずは恐れず話し掛けるべし！
笑ってくれたら必ず仲良くなれます♪

Message 2

黒い下着を避けてなりたい自分になろう！

まず、今あなたが着けている下着を確かめてみてください。何色ですか？　黒い下着を着けている人は要注意ですよ～。

そもそも、下着の色って皆さんはどうやって決めていますか？　自分の好み？　パートナーの好み？　洋服と合わせる？　理由はさまざまだと思いますが、相手に与えたい印象に合った色を身に着けるのがいいんです。

例えば、赤は情熱的なイメージ、ピンクはかわいいイメージ…と色から伝わる印象ってありますよね。その印象がそのまま相手に伝わると思ってください。

ざっと紹介すると、赤はやる気をアピールしたいときや勝負のときに適しています。だから芸人さんは、赤い下着が多いみたいです。ピンクや紫色は愛されたいときに。デートの日にぴったりです！　そして、黄色やオレンジは一日を元気に、楽しんで過ごしたいときに。青は、冷静な判断をしたいときに適しているので、頭を使う会議がある日や、インスピレーションが求められる日にいいと思います。そして、白は自分を落ち着かせたいときに。心を静めたいときや、緊張することがあるときに着けると良いでしょう。

では、なぜ黒がＮＧなのか。それは、黒という色自体が悪いオーラだからです。オーラを見ていても、体に不調があるときは、その部分に黒いぼかしが入ります。そんな悪い色である黒の下着を着けていると、あなたのオーラがどんどん悪くなって運気が下がってしまうんです。

黒地にピンク色など、柄が入っているものはまだＯＫですが、黒の割合が大きいと悪くなるので注意してください。

皆さん、きょうから下着の色を決めるときは、黒以外を身に着けてなりたい自分になりましょう♪

ハッピーへの近道

下着の色を決めるときは
どんな自分になりたいかで決めると
一日がＨＡＰＰＹに♪

Message 3

〝言霊《ことだま》〟を使って願いを叶えちゃおう！

まず〝言霊〟とは、日本で伝わる、言葉に宿るとされている力のことです。口に出した言葉が力を持ち、良いことや悪いことを引き起こすとされています。

私は〝言霊〟の力は本当だと思っています。例えば、「疲れた」や「あの人が嫌い」という、マイナスな言葉があります。これを実際に口に出して言うのは、自分で不幸を呼び寄せているようなものです。

大前提として、皆さんに覚えておいてほしいのですが、他人にしたことは全て自分に返ってきます。つまり、マイナスなことを言えばその分、マイナスなことが降り掛かるというわけです。

では、どうすればいいのか。それは、マイナスなことを思っても、口に出す前にプラスに変えればいいんです。「疲れた」という言葉は「きょうも一日よく頑張った」という言葉に、「あの人が嫌い」という言葉は「もしかしたら、あの人のいい部分が見えていないのかもしれない」…こんなふうに自分の中でプラスの言葉に変換して口に出してみましょう。

また、自分はこうなりたいと思ったら、必ず口に出すことが大切です。私自身、「テレビに出たい！　テレビに出たい！」と特別プランもないのにずっと口に出していたら、テレビに出るチャンスをいただけて、今の私がいるんです（笑）。

もちろん、自分一人でつぶやくだけでも効果はありますが、人に言った方がより実現する可能性が高いと思います。

そもそも皆さん、「叶える」という漢字をよく見てください。「口」に「＋（プラス）」と書くんです！　人と人は、どこでどう縁がつながっているか分かりません。

私がこうして夢を掴んだように、とにかくプラスになる言葉を口にして願いを叶えましょう。

ハッピーへの近道

願いがあるときは口に出して言うと叶う可能性UP！

Message 4

心が疲れたら部屋をきれいにしよう

体力的にも、そして精神的にも「なんだかきょうは疲れたなー」なんて、会社や学校から家までの道のりで、ぼーっと思う日って誰にでもありますよね。私にも、もちろんあります。

そんなときに私がオススメする疲れの解消法は、自分の部屋を掃除することです！　疲れた日に掃除なんてしたくない、面倒くさい…そう思うのも分かります（笑）。でも、よく「部屋の乱れは心の乱れ」なんて言いますよね。この言葉はまさにその通りなんです。

自分の部屋は、一番落ち着く場所です。つまり、一番自分の心が出る場所なのです。

私は「ドロップイン」といって、意識を飛ばして対象者の家に入り、部屋を見ることができるのですが、例えば芸人さんなど、外で人を楽しませる仕事をしている人は、部屋を茶色などの同系色でそろえて、落ち着く場所を作っていることが多いです。また、女優さんやモデルさんなど美にこだわっている人は、白いインテリアでそろえる傾向が強いんです。

そんなふうに最も「自分」が出る空間である部屋が汚いと、「疲れた」という気がどんどん増えて、たまってしまいます。

だから、特に嫌なことがあった日、疲れたなーと思う日は、「疲れた」という気が部屋にたまってしまう前に、すぐに掃除することが大切なんです。

今、これを読んでいて疲れたなーと思っている人は、自分の部屋を見渡してみてください。汚くありませんか？　乱れていませんか？

また、「疲れたオーラ」をたくさん落としたままの部屋で寝ても、疲れが全く取れません。しっかりきれいにした部屋で睡眠をとりましょう。疲れたと思うときこそ部屋を掃除して、自分の心も掃除しましょう♪

ハッピーへの近道

**部屋は一番自分の心が出るところ
疲れたと思ったときこそ
隅々まできれいにするのだ！**

Message 5

〝くれない族〟になるとHAPPYが遠ざかる！

そもそも〝くれない族〟って何だ？って思ったあなた！　例えば、仕事で自分がミスをしたとき、「私はこんなに頑張っているのに誰もフォローしてくれない」……なんて思ったことはありませんか？　恋人とケンカをしたとき、「私はこんなに好きなのにどうして愛してくれないの」……そう思ったことはありませんか？

これを読んでギクッとしたあなたはまさに〝くれない族〟です！　〝くれない族〟は、「やってくれない」「分かってくれない」が口癖の、いつも自分がしたこと以上の見返りを相手に求めている人たちのことです。

何を隠そう、私も昔は実は〝くれない族〟でした。芸能界に入ったばかりのころは、当然仕事が少ない時期もあり、たくさん苦労しました。なかなか結果が出ないことにいら立って、「こんなに頑張ったのに！」と思うようになってしまいました。まさに〝くれない族〟の傾向です。

そんなとき、私の脳裏にふと浮かんだのは、昔から母が言っていた「見返りを求めてばかりではいけない、それより自分が何をするかだよ」という言葉です。芸能界に入る前からよく聞いていた言葉でしたが、すごく胸に響きました。

この言葉を意識してから私は、「頑張っているのに！」という〝くれない族〟から脱却でき、「どこかで縁があるかもしれない」くらいの気持ちで仕事ができるようになりました。そうしたら、一度ご挨拶しただけの方が興味を持ってくれ、そのまま特番が決まって、今のレギュラー番組を持てるようになったんです！　このときに〝くれない族〟のままでは幸せにはなれないと実感しました。

〝くれない族〟は、周りの愛情に気付いていない人が多いんです。脱却するには、とにかく見返りを求めないで生きること。人に与えてもらう全てのことを当たり前と思わないで、感謝の気持ちを忘れなければ、ぐっと楽になれますよ♪

ハッピーへの近道

相手に見返りを求めてばかりではだめ！〝くれない族〟を脱却することがHAPPYへの近道！

Message 6

オーラで場所を自分のテリトリーにしちゃおう！

椅子に座ったときに、誰かの体温が残っているわけでもないのになんだか居心地が悪いときってありませんか？　実はその現象、オーラが関係しているんです。

人は誰でもオーラをまとっていて、その色や濃さは人によってまるで違います。顔や体型、性格が違うように、オーラも自分と全く同じ人なんていません。つまり、何か居心地が悪いと思ったときは、自分と真逆のオーラを持つ人がその場所にいたということなんです。だから、私は何か居心地が悪いと感じたときや、初めて行くような場所ではとにかくぺたぺた触って（笑）、その場所を自分のテリトリーにしてしまいます。

これを「オーラマーキング」と呼びます。空間に触って自分のオーラを移すことで、空間ごと自分のものにしてしまう。これは何にでも使える便利な技で、例えば引っ越したときにオーラマーキングすると、新しい部屋に早くなじめます。オーラは、肘より下の手首あたりに強くあるので、マーキングするときは直接触ったり、雑巾がけをしたりして「手」を使うのが効果的です。それと、恋人の部屋に初めて行ったなんて場合にもオーラマーキングすると、その場が自分のテリトリーになるので、より縁が深まるかもしれません（笑）。

実際、私は収録前にスタジオをひたすらぺたぺた触って、マーキングしています。周りには変な子と思われているかもしれませんが（笑）、自分のオーラで包まれている空間で収録するのでとても居心地が良くなるんです。

ほかにも、例えば好きな人に物をあげるなんてときにもオーラマーキングすると、好意が伝わりやすくなるかもしれません。ただし、強過ぎると逆効果で「重い」と思われてしまうかもしれないので、調整しましょうね（笑）。

ハッピーへの近道

オーラマーキングをすれば
どんな場所も
自分の空間になる！

Message 7

心を落ち着かせたいときは口呼吸をしよう

よく、緊張したときって深呼吸しますよね。皆さんはそのとき、口呼吸と鼻呼吸、どちらでしていますか？

私は断然、口呼吸をオススメします！　口から息を吸うと、鼻から吸うよりも深い呼吸ができるし、ちゃんと肺に入っていくんです。

でも、それだけではなく、口という部分が重要です。口は体の中ですごくエネルギーを持っている部分なんです。だから〝言霊〟も力を持っているし、口と口を重ねる「キス」はすごく特別な行為じゃないですか（笑）。手を重ねることも、ハグも、別に恋人同士じゃなくてもできるけれど、キスって特別な人じゃないとなかなかできることじゃないですよね（笑）。キスという行為は、エネルギーを持っている口同士を重ねることで、酸素以外のもの、例えばお互いのエネルギーとかを交換し合うんだと思うんです。

口という部位は、この世界の全てとつながっているからこそ、エネルギーを持っているのだと思います。例えば、嘘をついたときに口を触る癖がある人ってよくいますよね。あの現象は、心と口がつながっているから起きるんです。

口呼吸をすると、自分の気持ちを変えることができるので、ポジティブになれる効果もあります。まさに、口という部分は全てとつながっている「エネルギーフィルター」というわけです。

だから、私は収録前など心を落ち着かせたいときは、必ず口呼吸してエネルギーを体内に送ります。効果は抜群なので、ここぞというときは口呼吸をするのがオススメです♪

ハッピーへの近道

口はエネルギーが集まる場所！
ここぞというときは
口呼吸でエネルギーを体内に♪

Message 8

悩み事があったら守護霊に相談してみよう！

よくファンの方から「CHIEちゃんみたいに守護霊のメッセージが聞けるようになりたい」と言われることがあります。私だけが特殊な能力で交信しているように見られがちですが、実は誰でも間接的に守護霊と交信できます。

まずは、睡眠です。睡眠中は、肉体の意識が少なくなる一方、魂の意識はとても高まります。睡眠が最も深いときは、魂のふるさとである霊界に里帰りし、そこで守護霊から受け取ったメッセージを夢で見るのです。

睡眠時間は、守護霊との作戦タイムだと思います。眠くて仕方がないときは、守護霊から伝えたいことがあるのだと思い、たっぷり寝て夢を見るようにしています。メッセージ性のある夢は、夢が記憶されやすい明け方に見ることが多く、モノクロではなく、カラーなのが特徴です。夢でメッセージを受け取ったら、今度はその現象を自分で分析しなくてはいけません。都合のいいように解釈せず、自分を厳しく見つめることが大切です。

次に、紙に書いて守護霊に質問します。悩んだときは、自分の力で答えを出したうえで、「私の選択は正しいのでしょうか」と紙に書き、誰にも見つからない所に保管します。このときに「我」が入ってはいけません。何を言われても冷静に聞き取ろうとする、心の準備が大切です。

すると、数日のうちに守護霊からのメッセージを受け取ることができます。私は、偶然見掛けた電車の中吊り広告や、歌詞の中などで見つけます。何気なく手に取った本を読んでいると、一つの言葉だけグサッと胸に響くことってありますよね。あれは、実は間接的に守護霊がメッセージを伝えようとしてくれているのです。

どんな人にも守護霊はいて、困ったときにはさまざまな形で手助けをしてくれます。ぜひ、意識して守護霊からメッセージを受け取ってみてください。

ハッピーへの近道

守護霊は誰にでもいます！
意識して守護霊からのアドバイスを受け取ろう♪

Message 9

嫌なことがあった日はお花を買って帰ろう

72ページで「心が疲れたら部屋をきれいにしよう」と言いましたが、これに加えてさらに効果的なのが花を部屋に飾ることです。

もちろん、花でなくても植物ならどんな種類でもOKです。植物は、癒やし効果が抜群な上に、なんと疲れた気を吸ってくれる力があるんです。植物を飾ったら、まだ飾り始めて少ししか経っていないのに、枯れてしまったなんてことありませんか？　そんなときは、あなたが自分でも気付かないうちに疲れていて、その気を植物が吸ってくれた証拠です。だから、自分が疲れていることに気付けない人は花を飾れば、ある意味、体調の目安になるというわけです（笑）。

植物や花の種類も、自分のそのときの悩みやコンディションで選びます。植物の場合は、ゴムの木や苔玉などの葉が丸い植物は「癒やしを求めるとき」、サンスベリアやサボテンなど先が尖っている植物は「インスピレーションが欲しいとき」に適しています。上に向かって真っすぐ伸びている植物は「夢に向かって頑張りたいとき」に、横に広がって成長するような植物は「仲間に協力してほしいとき」にいいと思います。

花は、元気が欲しいときは情熱を表す赤色や、明るくてポジティブな黄色の花…などと、オーラの色で選ぶと良いでしょう。

飾る場所は部屋の中なら、どこでもいいと思います。ただし、あくまで最も自分が落ち着く部屋の中に置くことが大切で、ベランダなど部屋の外に置いては意味がないので注意してください。

花が美しいのは、人のために生きているからです。マイナスの気を吸い取るのも花の喜び。花や植物を部屋に置いて、自分の悪い気を吸ってもらいましょう！

ハッピーへの近道

植物はあなたのマイナスの気を吸ってくれる優秀なアイテム♪心の状態に合わせて部屋に飾ろう！

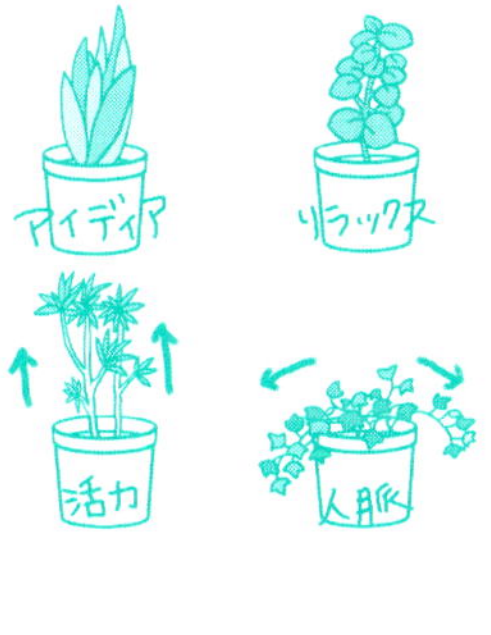

アクセサリーで心のスイッチを切り替え！

アクセサリーを身に着けるときって、だいたいいつもどちらの手にするか、自分の中で決まってますよね。指輪や時計は左手とか、ブレスレットは右手とか。これを不意に変えてみると、なんだか違和感があって居心地が悪い！ でも、この「違和感」こそが、自分を切り替えるときにはいい働きをするんです。

例えば、大切な試験や会議の前など、ここぞというときに自分に気合いを入れたい場面ってあるじゃないですか。そんなときは、アクセサリーなど身に着けているものを逆側に着け替えて、あえて体に違和感を与えるんです。

私は、収録前など、自分の中でスイッチを入れたいときには必ずしています。そうすると、違和感があって最初は嫌なんですが（笑）、いつもと違う意識になるので、自然とスイッチが入る気がするんです。ものすごく手軽な〝変身〟みたいなものです（笑）。

アクセサリーを普段着けないという人は、例えば、普段は右足から歩くところを左足から歩いてみるとか、使う手を利き手から逆の手に変えてみるとかしてもいいと思います。とにかく、ここぞというときに自分の習慣を変えて違和感を与えることが大切なんです。

目に見えて効果があるわけではないと思いますが、それでもアクセサリーを着け替えたり、ちょっとした習慣を変えたりするだけで気持ちが切り替わるので、勝負したいときや大切な場面でぜひ試してほしいです♪

ハッピーへの近道

**アクセサリーを着け替えることは
お手軽な変身！
気合いを入れたいときにオススメ♪**

Message 11

人生の選択は「好き」か「嫌い」かで決定！

人生には選択を求められる場面が多々あります。それは、レストランでメニューを決めるようなささいなことから、どの職業に就くかのような、自分の人生を大きく左右することまでさまざまです。皆さんは選択を迫られたとき、どのように決めていますか？

私は、「やる」か「やらない」かではなく、「好き」か「嫌い」かで決めるようにしています。「やる」か「やらない」かで考えていると、「私、本当にやれるのかな？」って自分で分からなくなってしまうんです。でも、「好き」か「嫌い」かで決めれば、「本当にやれるかは分からないけれど、好きだからきっと続けられる」と考えることができます。たとえ自分に実現できる自信がなくても、好きという気持ちがあれば絶対に乗り越えられるじゃないですか。

私は、今までどんなことでもそうやって決めて生きてきました。芸能界に入ったことも、事務所を決めるときも「好き」な方を選んできて、それで今も後悔しない人生を歩んでいます。

「この選択の方が好きだけど、私には向いていないから…」なんて「向いている」「向いていない」で考えている人は、実は世間体を気にしているんだと思います。自分では意識していなくても、堅実な選択をした自分の方が心の中では好きなんですよ。でも、それで進む道を選んでしまったら、つまずいたときに「やっぱり私には向いていなかった…」と心がくじけてしまいますよね。もし、「好き」か「嫌い」かで選んでいたら、たとえつまずいても「好きだから頑張れる！」と思えるんです。

人生の選択は「好き」か「嫌い」かで選んで成功を掴みましょう！

ハッピーへの近道

選択を迫られたら「好き」か「嫌い」かで決めた方が後悔しない人生に！

Message 12

子供は親の「言うとおり」ではなく「するとおり」になる

子供が言うことを聞いてくれないとか、ニートで引きこもっているとか…育児に悩みを抱えている人からもたくさん相談を受けているんですが、皆さんに共通して私が言っているのは「ご自身に問題はありませんか?」ということです。

大前提として言いたいのは、子供だけが悪いということは絶対にありません。子供は、一番身近にいる親の姿を、お手本にして育つんです。

例えば、「娘が結婚できなくて…」という悩みを抱えている人は、ご自身の夫婦像を見直してほしいです。「お父さんみたいな人と結婚しちゃだめよ」なんて、娘さんに聞かせていませんでしたか? そんなことを子供に聞かせていたら、子供は自然と結婚に対して責任感を負ってしまうし、純粋に好きという気持ちで結婚できなくなってしまいます。もっと言うと、人を好きになることさえ、躊躇してしまうかもしれません。

子育てで特に大切なのは、幼少期です。この時期にすごく怒られて育った人は、「大切にされたい」という思いが強くなり、自然といい子を演じて二面性を持つ傾向がありります。また、逆に甘やかされ過ぎて育った人は、怒られないと愛されているか不安になり、「もっと自分を見てほしい」とイタズラばかりするようになります。子供って、親に怒られることも愛だと思っているものなんです。成長後は、自分の中に閉じこもってニートになってしまう人が多くなるのが現状です。

既に親が亡くなっているという人は、今の自分を形成した幼少時の原因を自覚して、自分にちゃんと目を向けてあげることが大切だと思います。

育児に悩んだら、まずは自分自身を見直してください。子供に原因があるということはないんですから、自分や夫婦関係に問題がないかしっかり考えれば、自然と子育ても安定しますよ。

ハッピーへの近道

子育てに悩んだときは子供ではなく、自分自身の問題をまずは見つめよう！

Message 13

一日の終わりに「ありがとう」と感謝しよう

寝る前に必ずすることって何かしらありますよね。筋トレ、美容マッサージ、ヨガ…と、「習慣」は人によってそれぞれだと思います。私が必ずしている一日の終わりの習慣は、「ありがとう」と感謝することです。「ありがとう」と思うだけでも、もちろんいいと思いますが、口に出した方がより効果的です。

始めたのは14歳くらいからで、気付いたときには自分の中で「やらなければいけないこと」になっていました。

感謝すると言われても、一体、毎日何に感謝すればいいの？という人もいるでしょう。でも、私は何事もなく一日を終えることができたということ自体に感謝するべきだと思います。

私は、14歳のときに交通事故に遭ってから、一日一日をすごく大切にしています。何でもない日だって、突然事故に遭うこともあるし、ケガをすることもあるということを身をもって体験しているので、一日を無事に過ごせるのがすごくうれしいいんです。意識はしていませんが、事故に遭ったことが、この習慣が始まったきっかけになっているんだと思います。

一日の終わりだけでなく、私は普段から「ありがとう」という言葉を積極的に使おうと意識しています。「ありがとう」より「すみません」の方が言いやすいので、使ってしまいがちですよね。でも、「ありがとう」は人に元気を与えるし、必ずその分だけ自分に返ってくるので、断然「ありがとう」を使った方がいいです。「ありがとう」という言葉自体のオーラも、温かいピンク色をしているので、受け取った相手も温かい気持ちになりますよ。

肌や髪の毛に「ありがとう」と言いながらケアすると、きれいになるのと同じように、「ありがとう」と言っていると必ず自分にいいことが返ってきますよ♪

ハッピーへの近道

おやすみの前に、そしていつでも積極的に「ありがとう」を伝え ピンクのオーラを贈ろう♪

Message 14

その試練、実は神様がくれたプレゼントです

私は、どんな試練が訪れても、必ず乗り越えられると思っています。今までたくさんのタレントさんの話を聞いてきましたが、どの方も同じ考え方でした。やっぱりこの仕事をしている人は、どの方も並々ならない努力をしてきているんです。その努力の裏にはつらいこともちろんあって、でもそれを乗り越えてきたからこそ、今は、どんな壁にぶつかっても次へのステップアップだと思って頑張れると、皆さんおっしゃいます。

私だって、もちろん悩みや試練にはぶつかります。例えば、私は過去に記憶喪失になったこともあって、「言葉」というのが本当にコンプレックスなんです。いろいろな人のオーラを見ていても、今まで何度も「伝えたいのに伝えられない」ということがありました。言いたいことはあるのに、言葉にできなくて、それがもどかしくて。それが私にとっての試練です。

でも、決して私はめげません。そんなときは、いつも「これは神様が勉強すると

きだと教えてくれてるんだ」「試練にぶつかるのは私の学びが足りないからだ」……そんなふうに思うようにしています。

何か壁にぶつかったときは、神様が今後の人生のためにアドバイスをくれているんだと思います。だって、私は試練が訪れるたびに「私のここが欠けていたんだ」と、自分に足りない部分に気付けるんです。まさに、試練は神様からのプレゼントなんじゃないかな、なんて思います。だから、悩みごとがあったって、嫌なことがあったって、私は全然嫌な気持ちになりません（笑）。自分が変わるチャンスだと、プラスに考えます。

試練にぶつかっても、「これは神様がくれたプレゼントだ」なんて、ちょっとポジティブに考える。これだけで人生がびっくりするくらい変わりますよ♪

ハッピーへの近道

乗り越えられない試練なんて
神様は与えません！
必ずステップアップになると考えて！

Epilogue

私が普段活用しているＴｗｉｔｔｅｒにはいつも多くの方からお悩みやご質問をお寄せいただいています。ですが１４０文字では言葉を収めきれず、なかなかお返事ができなかったので、いつか本などで皆さんのお気持ちに応えられたらいいなぁと思っていました。

私自身ずっと「悩んでいる人たちのために何かしてあげたい」と思って生きてきたので、実際に本を出版することになったときはとてもうれしかったです。なので本の内容を考えるにあたっても、Ｔｗｉｔｔｅｒを用いてフォロワーの皆さんにどんなことが知りたいかを聞いて、いただいたご質問やご要望に沿うように考えていきました。

私の人生も今まで決して順調に進んできたわけではなく、記憶喪失になったり、夢が見つからなくて失敗もしてつまずいたり、いろいろ悩んだ時期もありました。でも常に自分を変えたくて、動くという努力だけはしつづけてきました。「命を運ぶ」と書いて「運命」となるように、運命は動き出すことでいくらでも良い方向に変えられます。

本のタイトルである「びはっぴ～のススメ」は小さな幸せ〝微ハッピー〟をたくさん集めて〝Ｂｅ Ｈａｐｐｙ〟につなげるという、私がいつも実践している考え方です。パワースポットに行くことでも、開運法を実践することでもなんでもいいので、自分なりの〝微ハッピー〟を見つけてみてください。劇的に変わらなくても少しずつ自分を変えていくことで、人生に夢のような変化が起こって、憧れた通りの場所にたどり着くことができますよ！

この本を読んでちょっと前向きになれたり、動き出すことのきっかけになったらうれしいです。皆さんも小さな幸せを集めて夢を叶えてください。

Ｂｅ Ｈａｐｐｙ!!!

STAFF

スチール撮影：長野博文／野口彈
アートディレクション：百足屋ユウコ（ムシカゴグラフィクス）
カバーデザイン：長谷川有香（ムシカゴグラフィクス）
デザイン：長谷川有香／宇都木スズムシ
（ムシカゴグラフィクス）
スタイリスト：下平純子
ヘア＆メイク：渡部弘喜（Technico）／
田中誠太朗／増山知花
イラスト：CHIE
校正：株式会社アドリブ
編集協力：茂木理佳、矢作美和（バブーン株式会社）
制作：小泉大志

編集：佐々木陽子

写真協力：東京ウォーカー／横浜ウォーカー／
関西ウォーカー／千葉ウォーカー
（内田章哉／奥西淳二／後藤利江／神保達也／
高嶋佳代／高島宏幸／龍田浩之／宮川朋久）

衣装協力：POU DOU DOU（TEL 03-3794-8215）
Planche（TEL 03-3499-6820）
Love Stone（http://shop.lovestone.us/）
Roretta's Room（TEL 03-3462-0220）

協力：エグゼクティブプロデューサー　渡辺ミキ
（ワタナベエンターテインメント）
プロデューサー　大澤剛
（ワタナベエンターテインメント）
アーティストマネージャー　小田部正秀
（ワタナベエンターテインメント）

スピリチュアル女子大生CHIEの
びはっぴ～のススメ
CHIE 著

2013年9月26日初版発行

発 行 人　辻真弘
編 集 人　滝本志野
発 行　株式会社角川マガジンズ
〒102-8077　東京都千代田区富士見1-3-11　デュープレックスB's
TEL 03-3238-8764（編集）
発 売　株式会社 KADOKAWA
〒102-8177　東京都千代田区富士見2-13-3
TEL 03-3238-8528（販売）
印刷・製本　株式会社暁印刷

角川グループ読者係
〒354-0041　埼玉県入間郡三芳町藤久保550-1
TEL 049-259-1100

ISBN978-4-04-731878-6